너의
권리를
주장해

우리의 권리에 대해 이해해야 비로소
우리의 권리를 주장할 수 있습니다.
이 책은 자유, 평등 그리고 모두를 위한 더 나은 세상을 믿는
모든 어린이와 청소년을 위한 안내서입니다.

말랄라 유사프자이

어린이가 미래입니다. 이 책은 세상에 관심을 갖고,
변화를 만들고 싶어 하는
어린이와 청소년을 위한 완벽한 책입니다.

그레타 툰베리

어린이·청소년을 위한 인권 가이드

KNOW YOUR RIGHTS AND CLAIM THEM
A GUIDE FOR YOUTH

너의 권리를 주장해

국제앰네스티의 니키 파커·안젤리나 졸리
제럴딘 반 뷰런 지음 | 김고연주 옮김

창비

이 책은 복잡한 내용을 담고 있기에
책을 읽으면서 심리적으로 힘들 수 있어요.
단계별로 책을 읽는 것이 좋은 방법입니다.
다음 단계로 넘어가기 전에 충분히
생각하고 다른 사람들과 토론하세요.
필요하다면 주변에 조언을 구할 수도
있습니다. 만일 이 책을 읽고
행동하고 싶은 마음이 생긴다면,
행동하기 전에 여러분의 안전을
먼저 확인하세요.

책에서 굵은 글씨로 강조된 단어들을
비롯해 관련 용어들을 259쪽에서
설명하고 있습니다.

추천의 말

모든 어린이와 청소년은 사회의 주체적인 구성원이며 시민으로 보호받고 존중받을 당연한 권리가 있습니다. 그리고 우리 사회는 그들이 살아갈 이 세계를 보존하고 미래의 건강한 가치를 보여 주어야 합니다. 하지만 팬데믹과 같은 어려운 상황에서 가장 큰 피해를 보는 것은 보호받지 못하는 어린이와 청소년입니다. 아동 폭력, 강제 노동, 성 착취, 10대 임신, 조혼, 빈곤과 같은 위험에 놓여 있는 어린이와 청소년이 헤아릴 수 없을 정도입니다.

안젤리나 졸리와 국제앰네스티가 함께 만든 『너의 권리를 주장해』는 독자 스스로가 존엄한 가치를 지닌 존재임을 일깨우며, 권리를 주장하고 행동하는 방법을 제안합니다. 어린이와 청소년이 자신의 인권을 지키기 위해 어떤 행동을 해야 하는지를 구체적으로 알려 주며 자신의 권리를 알고 주장하는 것이야말로 위대한 '용기'임을 말해 줍니다.

책 속에 빼곡히 담겨 있는 용감한 청소년 활동가들의 목소리를 통해 우리 모두가 소중한 존재라는 것을 이해하기 바라며 앞으로 더 많은 곳에서 모든 어린이와 청소년이 인권을 누리고 행복하게 살아갈 날을 기대해 봅니다.

윤지현(국제앰네스티 한국지부 사무처장)

어린이와 청소년은 미래를 가진 현재의 사람들입니다. 이들에게는 가장 새로운 관점과 정확한 지식을 배울 권리가 있습니다. 바로 이 책이 담고 있는 것들입니다. 전 세계 어린이·청소년의 인권 현실을 짚고 나아갈 방향을 제시하는 책이니 가벼이 읽을 수는 없습니다. 저자들의 어조는 단호하지만 결코 딱딱하지 않습니다. 오히려 독자를 대하는 사려 깊고 정중한 태도가 어린이와 청소년이 받아야 하는 존중이 어떤 것인지 몸소 보여 줍니다. 무엇보다 이 책에는 자신의 생활을 둘러싼 문제를 인식하고 개선하는 구체적인 방법, 다시 말해 삶을 바꾸는 실질적인 기술들이 실려 있습니다. 그런 것이 필요하지 않은 사람은 아무도 없습니다. 한 문장이라도 놓칠까 봐 꼼꼼히 짚어 가며 읽었습니다. 어린이·청소년과 이 책을 읽고 하고 싶은 일이 많습니다. 세계 지도를 펴 놓고 인권 활동가들이 활동하는 지역을 표시하고 싶습니다. 전혀 몰랐던 일, 더 자세히 알고 싶은 일, 나의 상황과 겹치는 일들을 골라 이야기 나누고 싶습니다. 이 책을 읽고 마음속에 크고 환한 불이 켜졌습니다.

김소영(작가, 『어린이라는 세계』)

1부 여러분의 권리 알기

2부 여러분의 권리 이해하기

서문

여러분은 아래에 쓰인 진실을 모를 수도 있습니다.

여러분이 어리더라도 여러분의 권리는
어른의 권리와 똑같은 위상을 지닙니다.

어른이 된 후, 독립한 후, 첫 번째 직업을 구한 후가 아니라 바로 *지금*입니다.

여러분이 누구든, 어디에 살든, 어떤 인종, 민족, 종교, 성별이든, 또한 여러분이 부자든 가난하든, 여러분의 삶은 지구상의 모든 어른 또는 모든 다른 어린이 청소년과 똑같은 가치를 지닙니다.

누구도 여러분을 해할 수도, 침묵시킬 수도, 무시할 수도 없고 여러분의 생각과 신념에 간섭할 수도, 여러분이 사회에 참여하는 것을 막을 수도 없습니다. 여러분의 권리에 대한 여러분의 지식을 누구도 부인할 수 없습니다.

이것은 저만의 생각이 아닙니다. 여러분의 권리는 법적 구속력을 지닌 국제 협약으로 정리되어 있습니다. 바로 196개 나라가 비준한 유엔아동권리협약입니다. 여러분의 권리는 법에 의해 보호를 받습니다.

만일 모든 정부가 약속을 지키고, 모든 어른이 어린이와 청소년의 권리를 존중한다면, 이 책은 필요하지 않을 겁니다.

하지만 아동권리의 이론과 현실 사이에는 큰 간극이 있습니다.

어떤 어른들은 여러분이 이 책을 읽지 않기를 바랄 겁니다. 그런 어른들은 아동권리가 여러분에게 또는 여러분의 나라에 적용될 수 없다고 주장하기 위해 온갖 이유를 댈 거예요. 이 책은 그에 맞서 여러분과 다른 사람의 권리를 지키는 데 도움이 될 지식으로 여러분을 무장해 줄 것입니다.

아동권리의 탄생 과정을 설명하는 한편 여러분의 안전과 개인적 성장이 아동권리에 어떤 식으로 포함되어 있는지 알려 줄 것입니다.

이 책은 여러분의 권리가 실제로 어떻게 작동하는지, 그리고 그 권리가 부정되는 실제 상황을 보여 줄 것입니다.

이 책은 활동가로서의 역량을 계발하는 방법, 안전하게 평화적 시위를 할 권리를 행사하는 방법, 그리고 디지털 안전에 대해서도 다룹니다.

정부나 지역 사회에 변화를 가져오며 자신의 권리를 성공적으로 쟁취한 청소년들의 이야기도 담고 있습니다. 이 책에 담긴 이야기들은 아무리 작은 행동도 변화를 만들 수 있다는 사실을 보여 줍니다. 청소년들이 함께한다면 누구도 무시할 수 없는 정신적인 힘과 실질적인 영향력을 지닐 수 있습니다.

이 책은 여러분과 여러분의 권리 사이에 가로놓인 존재가 누구 또는 무엇인지를 알아내는 데 도움을 줄 것입니다. 또한 여러분이 선택할 수 있는 행동이 무엇인지 알려 줄 것입니다. 여러분이 이 책을 통해 용기를 얻기를, 자신의 권리를 알고 나아가 권리를 주장할 수 있게 되기를 희망합니다.

2020년 10월

안젤리나 졸리

1부

여러분의
권리 알기

"어둠을 탓하고 있기보다는
한 자루의 촛불을 켜는 것이 낫다."

중국 속담이자 국제앰네스티의 모토.

여러분의 권리

　여러분이 어린이 또는 청소년이라면, 여러분은 고유한 인권을 지닙니다. 아동권리는 어린이와 청소년을 위해 특별히 고안된 인권입니다. 여러분은 태어난 순간부터 이른바 **'성년'**에 도달할 때까지 이 권리를 지닙니다. 대부분의 나라에서 성년은 18세이지요.

　이 권리는 소중한 자유이자 보호이며 여러분이 가진 여러분의 법입니다. 이 권리는 여러분을 돌보고, 여러분이 잘 지내도록 도와서 여러분의 목소리가 들리게 하기 위해 존재합니다. 아동권리는 국제 인권의 일부로, 여러분은 인간이기 때문에 이 권리를 누릴 자격을 지닙니다.

아동권리는 적극적인 권리입니다. 전 세계의 모든 어린이와 청소년을 위한 최선을 지향합니다.

여러분이 누구든, 어디에 살든 여러분은 아동권리를 지닙니다. 여러분의 성별, 섹슈얼리티, 젠더 정체성, 인종, 민족, 피부색, 종교, 문화가 무엇이든, 부자든 가난하든, 장애인이든 비장애인이든, 신경 다양성이든 신경 전형성이든, 가족과 함께 살든, 복지 시설, 거리 또는 난민 캠프에서 살든 이 권리는 여러분의 것입니다. 평등하게 말이죠. 다른 사람보다 더 많거나 더 적은 권리를 지닌 아동은 없습니다.

여러분의 권리는 **불가양**합니다. 이는 어느 누구도 여러분의 권리를 뺏을 수 없다는 뜻입니다. 하지만 명심하세요. 여러분의 권리를 부정하려는 다양한 시도를 접할 수 있습니다.

여러분의 권리는 법에 의해 보장받습니다. 하지만 이 권리는 방어가 필요합니다. 여러분이 권리를 적게 지닐수록 본인들에게 더 좋다고 생각하는 사람들이 있기 때문입니다. 그들은 여러분의 권리를 **위반**하거나 **침해**하려고 들 것입니다. 이때 정부와 국가 기관들이 개입해서 여러분을 도와야 하지만, 그러지 않는 경우도 있습니다.

국가와 정부가 권리를 위반합니다. 개인과 기업이 권리를 침해합니다. 학대 가해자라는 용어는 친밀한 관계나 성적 관계에서 상대방을 통제하려고 드는 사람을 지칭합니다.

어떤 사람들은 인권이 위험하고, 너무 정치적이며, 어린이와 청소년이 알기에는 부적절하고, 외국에서 들어온 개념이라고 말할 겁니다. 하지만 이는 사실이 아닙니다. 권리는 정치적 지향이나 신념과 무관하게 도움을 주기 때문에 여러분도 누려야 합니다. 오히려 권리가 존중되지 않을 때 위험해집니다.

여러분에게는 권리가 있습니다. 스스로 여러분의 권리가 무엇인지를 알아야 자신과 다른 사람의 권리를 지킬 수 있습니다. 다른 사람을 지지하는 것을 **연대**라고 합니다. 본질적으로 연대는 인류애를 담은 가치입니다. 연대를 통해 사람들은 서로의 차이에도 불구하고, 함께 연결되고 도울 수 있습니다.

이 책은 여러분이 여러분의 권리를 알고, 이해하고, 주장할 수 있도록 이끄는 안내서입니다.

아동은 누구인가?

법은 '성년'이 되기 전의 여러분을 아동으로 규정합니다. 성년은 성인기의 시작점입니다. 법의 눈으로 봤을 때 여러분이 책임을 질 수 있는 나이가 된 것이지요. 성년이 되면 선거에서 투표를 할 수 있습니다. 나라마다 차이는 있지만, 성년은 결혼할 수 있고, 운전면허를 딸 수 있으며, 일을 할 수 있는 나이입니다. 거의 모든 나라에서 18세가 성년이 되는 나이입니다. 18세는 **유엔아동권리위원회**가 권고한 나이입니다.(위원회에 대한 좀 더 자세한 설명은 32쪽을 참조하세요.)

호주나 브라질 같은 일부 나라들은 청소년이 더 큰 목소리를 낼 수 있도록 국가 선거 연령을 16세로 낮추었습니다. 16세는 여전히 법적으로는 아동이어서 아동의 권리를 누리고 보호를 받을 수 있습니다. 한편 이란에서는 남성과 여성의 성년이 다릅니다. 여성은 음력으로 9세 생일에 성년이 되지만, 남성은 15세 생일에 성년이 됩니다. 9세 여자아이에게 결혼을 강요할 수 있다는 점에서 이란의 법은 아동을 보호하지 않습니다. 성년이 되어야 할 수 있는 것들이 무엇인지는 여러분이 사는 나라의 문화적 규범에 의해 결정됩니다. 여기에는 좋은 면도 있고 나쁜 면도 있습니다. 이러한 규범이 권력을 지닌 사람들에게 어떠한 이익을 주는지를 알아보는 것 역시 중요합니다.

여러분이 10대라면 어른에 더 가까운 청소년일지 모릅니다. 그러나 법적으로 여러분은 아동권리를 지닙니다. 여러분이 어른이 되면 여러분이 지닌 법적 권리의 이름이 아동권리에서 인권으로 변합니다. 아동권리는 인권의 일부인 것이지요.

전 세계에 아동은 약 23억 명으로, 인구의 3분의 1에 달합니다. 여러분의 권리를 최대한 누리세요. 여러분의 권리를 알고 주장하세요.

억압은 지배자들의 특권을 유지하는 권력 시스템입니다. 억압은 사회 전역에서 다양한 층위로 발생합니다. 예를 들어 *개인적 측면*에서 어떤 사람은 계급, 인종, 성별에 기반한 편견을 가질 수 있습니다. 이들이 자신의 편견을 말로 표현하지 않더라도 편견은 그들의 생각과 행동에 영향을 미칩니다. *대인 관계 측면*에서, 어떤 사람은 편견으로 인해 누군가를 함부로 대할 수 있습니다. *제도적 측면*에서, 누군가를 배제하고 자신이 환영받지 못한다고 느끼게 만드는 규칙과 정책들이 종종 있습니다. *문화적 측면*에서, 억압적인 편견이 미디어, 책, 정부 발표 등을 통해 매일같이 널리 퍼져 나갑니다. 이런 식으로 만들어지고 확산된 편견은 사람들이 억압을 별 생각 없이 받아들이게 합니다. 이로 인해 억압이 악순환됩니다.

아동권리의 짧은 역사

인권은 평등, 존엄, 정의처럼 전 세계적으로 수용된 윤리적 가치에 뿌리를 둔 법입니다. 인권은 여러분이 인간으로서 어떻게 대우받아야 하는지에 관한 것입니다. 인권은 억압과 권력 남용으로부터 여러분을 보호하는 합의된 규범 체계를 제공합니다. 인권은 대다수의 신앙과 문화적 전통이 지닌 도덕적 가르침의 영향을 받습니다.

아동권리는 어린이 또는 청소년인 여러분에게 별도의 보호를 제공합니다. 아동권리는 주로 1989년에 채택된 유엔아동권리협약에 의거합니다.(그러나 유일한 근거는 아닙니다.)

아동에게 (그리고 대부분의 어른에게) 어떤 권리도 없던 때

모든 인권은 어렵게 쟁취되었습니다. 사람들은 수백 년 동안 인권을 위해 투쟁하고 목숨을 바쳤습니다.

기원전 539년, 고대 페르시아의 첫 번째 왕인 키루스 대제는 인류 최초의 인권 선언문으로 알려진 **헌장**을 만들었습니다. 키루스 대제는 노예를 해방시켰고, 모든 사람에게 자신의 종교를 스스로 선택할 권리가 있다고 선언했으며, 모든 인종이 평등하다고 말했습니다.

그의 통치 이념은 원통형의 토기에 쐐기 문자를 사용한 아카드어로 새겨졌습니다. 이 선언문을 오늘날 키루스 원통이라고 부릅니다.

인권 개념은 인도와 그리스로, 나아가 로마에까지 빠르게 퍼졌습니다. 다음 세기에는 인권에 관한 문서들이 더 많이 등장했습니다. 그중 1215년에 만들어진 마그나 카르타(대헌장)의 일부는 현재의 영국법에 반영되어 있습니다. 마그나 카르타는 대부분의 평민을 배제했지만, 이후 인권 법에 영향을 미쳤습니다.

역사 속의 많은 어른과 아동이 권리를 누리지 못했습니다. 대부

분의 가정이 매우 가난해서 아이들이 먹을 것을 구하고 돈을 벌어
와야 했습니다.

수많은 아이들이 3살 때부터 집에서, 밭에서, 급기야 공장에서
일해야 했습니다. 그들은 굶주렸고, 소진되었으며, 교육을 받지도
못했습니다. 많은 아이들이 영양실조로 인해 제대로 성장하지 못
했습니다. 어린이들은 먹지도 놀지도 배우지도 못해서 제대로 자
랄 수 없었습니다.

18세기부터 여러 나라의 활동가들이 아동권리를 위한 캠페인
을 시작했고, 끔찍한 노동 환경에 문제를 제기했습니다. 활동가들
은 **정부**(지방 정부와 중앙 정부)가 나서서 취약한 아동을 보호할
의무를 지키라고 촉구했습니다. 또한 어린이들이 교육받을 권리
를 지닌다고 주장했습니다. 이러한 캠페인의 결과 새로운 법이 만
들어졌습니다. 1833년 제정된 영국의 공장법은 9세 미만 어린이에
게 공장 일을 시키는 것을 금지했습니다. 1881년 제정된 인도의 공
장법은 7세 미만의 어린이를 고용하는 것을 금지했습니다.

세계 곳곳에서 어린이를 대하는 태도가 조금씩 변하기 시작했
습니다. 활동가들은 교육이 어린이의 잠재력을 깨워 줄 것이라는
사실을 알았기 때문에 교육권에 힘을 쏟았습니다. 미국은 1870년
에, 일본은 1872년에 모든 어린이를 대상으로 초등학교 무상 교육
을 도입했습니다. 19세기 말에 이르자 많은 나라의 어린이들이 초
등 교육을 무상으로 받게 되었습니다.

인권의 발전

20세기 초에 벌어진 1차 세계 대전은 30개가 넘는 나라에서 1600만 명의 목숨을 앗아 갔습니다. 1차 세계 대전이 끝날 무렵, 전 세계적으로 독감이 유행하면서 5000만 명이 사망했습니다. 당시 수많은 어린이가 부모를 잃었습니다.

> *"정당성이 있든 없든, 패하든 승리하든 관계없이 모든 전쟁은 어린이를 상대로 치르는 것입니다."*
>
> *에글렌타인 젭, 1919.*

활동가들은 어린이의 복지에 큰 관심을 가졌습니다. 활동가들의 노력으로 1924년에 최초의 국제 아동권리 헌장인 제네바아동권리선언이 채택되었습니다. 이 선언의 초안은 아동 구호 기금 세이브더칠드런의 창립자이기도 한 에글레타인 젭이 작성했습니다. 선언의 주요 목표는 아동의 생존과 발달에 필수적인 것, 예를 들어 음식, 건강 관리, 교육, 깨끗한 물, 도움 등을 제공하는 것이었습니다. 이 선언은 분명한 발전이었지만 여전히 아동을 스스로를 위해 발언할 수 없는 미숙한 존재로 보고 있었습니다.

몇 년 후 2차 세계 대전이 일어났습니다. 2차 세계 대전은 역사상 가장 치명적인 군사 분쟁으로 꼽힙니다. 2차 세계 대전으로 인해 1939년부터 1945년 사이에 약 7500만 명이 사망했습니다. 추축국인 독일, 이탈리아, 일본과 연합국인 미국, 영국, 소련, 프랑스, 중국이 맞섰습니다.

> "어린이는 미래의 사람이 아니라,
> 지금 여기 오늘을 사는 사람입니다.
> 어린이는 진지하게 대우받을 자격이 있습니다.
> 어린이는 어른과 똑같은 존재로서
> 어른들로부터 친절과 존중을 받을 권리를 지닙니다.
> 어린이는 자신들이 타고난 대로 성장할 수 있어야 합니다.
> 모든 어린이들 속에 있는 미지의 사람이
> 우리 미래의 희망입니다."
>
> 야누시 코르차크, 1927.
> 자신은 살 수 있었음에도, 유대인 고아들과 함께
> 트레블링카 죽음의 수용소로 향한 교육자이자 아동권리 활동가.

독일 나치와 나치에 협력한 유럽 나라들에 의해 자행된 **홀로코스트**로 수천만 명이 사망했습니다. 이것은 유대인 절멸을 목적으로 그들을 고의적으로 대량 학살한 **제노사이드**였습니다. 홀로코스트를 통해 나치는 유럽 대륙 전역에서 150만 명의 아동을 포함해 600만 명에 달하는 유대인을 죽였습니다.

그들은 또한 장애인, 동성애자, 집시도 죽였습니다. 정치적으로나 종교적으로 자신들에 반대하는 사람이라면 누구든 가리지 않았습니다. (희생자는 대부분 공산주의자, 노동조합원, 사회민주당원이었습니다.)

나치가 네덜란드를 점령 중이던 1942년, 유대인 여성 청소년 안네 프랑크는 가족들과 함께 은신을 시작했습니다. 그러나 2년 후 나치에게 발각되어 붙잡히고 맙니다. 안네는 1945년 베르겐벨젠이라는 유대인 **강제 수용소**의 비인간적인 환경에서 사망했습니다. 안네가 은신처에 2년간 숨어 살면서 자신의 생각과 경험을 기록한 일기는 전 세계적으로 유명해졌습니다. 안네의 일기는 **반유대주의** 같은 **차별**의 위험성을 알리는 데 큰 기여를 했습니다. 안네는 일기에 이렇게 썼습니다. "어느 누구도 더 좋은 세상을 만들기 위해 단 한순간도 기다릴 필요가 없다니, 이 얼마나 놀라운 일인가."

양측의 집중적인 공중 폭격으로 수많은 사상자가 발생했습니다. 연합국의 폭격으로 약 41만 명의 독일인이 사망했고, 베를린부터 함부르크까지 전 도시가 파괴되었습니다. '블리츠'로 알려진 독일의 폭격으로 1940년과 1941년에 걸친 8개월 만에 아동 5000명 이상을 포함해 영국인 약 4만 명이 사망했습니다.

독일은 1945년 5월에 항복했습니다. 하지만 전쟁은 아시아에서 계속됐습니다. 같은 해 8월에 미연합군은 일본의 히로시마와 나가사키에 핵폭탄을 투하했습니다. 수천 명의 아동을 포함해 최소 21만 4000명이 사망했습니다. 일본은 즉시 항복했고, 전쟁은 끝났습니다.

전쟁 후 세계 지도자들이 다시는 전쟁을 하지 않겠다고 선언하기 위해 유엔에 모였습니다. 이들은 전쟁으로 인한 참극을 막을 수 있는 국제적인 인권에 최초로 합의했습니다. 1948년, 이렇게 세계인권선언문이 탄생했습니다. 이는 정말 급진적인 일이었습니다. 모든 사람에게 태어나서 죽을 때까지의 법적 보호와 희망을 주었습니다. 또한 압제자들에 맞설 수 있는 강력한 법적 도구를 제공했습니다.

국제 연합, 즉 **유엔**은 전 세계의 모든 나라가 전쟁을 막고 사회 정의와 자유를 증진하는 데 힘을 합하기 위해 모인 국제기구입니다.

세계인권선언은 눈에 보이는 기준을 마련했습니다. 수많은 사람이 더 큰 자유와 안전을 얻는 데 도움을 주었지요. 인권이 침해되는 것을 막고, 정의에 대한 명확한 기준을 세웠습니다. 그럼에도 불구하고 이를 위반하거나 무시하는 나라들이 적지 않습니다.

잘 알려진 것처럼 세계인권선언 제1조는 "모든 사람은 자유로운 존재로 태어났고, 똑같은 존엄과 권리를 가진다."입니다. 그러나 대다수 사람들의 현실은 그렇지 못합니다. 인권은 저절로 누릴수 있는 것이 아닙니다. 우리는 인권을 위해 계속해서 투쟁해야 합니다.

> "두려워하기보다 희망을 갖는 것이,
> 포기하기보다 시도하는 것이 당연히 더 현명합니다.
> 우리는 분명한 한 가지를 알고 있습니다.
> 바로 "안 된다"라고 말하는 사람은
> 아무것도 이룰 수 없다는 사실입니다."
>
> 엘리노어 루즈벨트, 1960년.
> 유엔인권위원회 의장이자
> 세계인권선언을 추진한 인물.

유엔을 통해 수년에 걸쳐 여러 인권 협약들이 체결되었습니다. 이 협약들은 여성, 난민, 장애인 같이 주변화된 사람들에 초점을 맞추었습니다. 이 협약들은 어른들뿐 아니라 아동들에게도 중요하지만, 아동들의 특수한 필요를 경시한 경향이 있었습니다. 1959년 채택된 아동권리선언은 달랐습니다. 이 선언은 보호, 교육, 건강, 주거, 영양에 대한 아동의 기본 권리를 규정했습니다.

주요 유엔 인권 조약

난민협약(1951)

모든 형태의 인종 차별 철폐에 관한 국제협약(1966)

시민적·정치적 권리에 관한 국제규약(1966)

경제적·사회적 및 문화적 권리에 관한 국제규약(1966)

여성에 대한 모든 형태의 차별 철폐에 관한 협약(1979)

고문 및 그 밖의 잔혹한, 비인도적인 또는
굴욕적인 대우나 처벌의 방지에 관한 협약(1984)

아동권리협약(1989)

모든 이주노동자와 그 가족의 권리 보호에 관한 국제협약(1990)

강제 실종으로부터 모든 사람을 보호하기 위한 국제협약(2006)

장애인권리협약(2006)

아프리카는 1990년, 세계 최초로 아프리카 대륙 고유의 아동권리 헌장을 채택했습니다. 헌장의 이름은 '아동의 권리와 복지에 관한 아프리카 헌장'입니다. 아프리카 대륙의 모든 54개 나라가 이 협약을 비준했습니다. 아프리카 헌장은 유엔아동권리협약을 기반으로 하면서 아프리카에서 특히 중요한 문제들에 주목했습니다. 예를 들어, 보호자가 감옥에 갇혀 가족과 떨어져 생활하는 국내 실향 아동과, 학교에 다니면서 임신한 아동을 보호하는 것이지요. 또한 헌장은 위원회를 운영하여 아동이 직접, 또는 아동을 대신하여 어른이 고충을 제기할 수 있도록 했습니다.

유엔아동권리협약

"아동은…… 평화, 존엄, 관용,
자유, 평등, 연대의 정신 속에서
성장해야 한다."

유엔아동권리협약, 1989.

마침내 1989년, 유엔아동권리협약이 탄생했습니다. 역사상 처음으로 전 세계의 정부가 아동이 어른과 똑같은 권리를 인정받아야 한다는 데 동의한 것이지요. 또한 사회가 건강하기 위해서는 아동이 잘 지내야 한다고 선언했습니다. 협약에 따라 정부는 아동의 기본적인 필요를 충족시키고 모든 아동이 자신의 잠재력을 충분히 발휘하도록 도울 의무가 있습니다.

아동권리가 제대로 보호받으려면 아동의 특별한 필요를 유념해야 합니다. 초안 작성자들은 무엇이 아동을 위험에 처하게 하는지 적었습니다. 바로 아동이 어른에게 의존한다는 점이지요. 의존은 도움을 주기도 하지만 위험하기도 합니다. 그만큼 아동을 취약하게 만들 수 있기 때문입니다.

이상적인 어린 시절이라면 어른들에게 사랑과 돌봄을 받고, 필요로 하는 모든 것들이 충족되어야 합니다. 성장하고, 잘 지내며 날개를 펼쳐야 하지요. 하지만 누구나 이런 어린 시절을 가질 수 있는 것은 아닙니다. 여러분이 의존하는 어른들이 여러분을 지원하지 못할 수도 있습니다. 어른들이 가난해서 여러분이 먹을 음식이 부족할 수도 있습니다. 어른들이 아파서 여러분을 제대로 돌보지 못할 수도 있습니다. 어떤 어른들은 일부러 여러분을 학대할 수도 있습니다. 게다가 사회적 불평등이 모든 곳에 존재합니다. 여러분은 여러 가지 이유로, 예를 들어 여성이라는 이유로 또는 **선주민**이라는 이유로 차별받을 수 있습니다. 또는 화학 약품 기업이 마을의 식수원을 오염시켜 충분한 음식과 물을 얻기 어려울 수도 있습니

다. 정부의 부패나 실패로 인한 영향을 받을 수도 있고요. 여러분
은 전쟁을 겪는 중일 수도 있습니다. 여러분이 손쓸 수 없는 상황,
여러분을 취약하게 만드는 수많은 상황이 존재할 수 있습니다.

소중한 자유

아동권리협약은 54개의 **조항**으로 이루어져 있습니다. 각각의
조항은 가정과 사회의 모든 곳에 적용됩니다. 조항들은 여러분의
권리와, 정부가 그 권리를 옹호하기 위해 필요한 규칙들을 담고 있
습니다. 또한 유엔아동권리위원회의 절차도 담고 있습니다. 위원
회는 독립적인 아동권리 전문가 18명이 모인 기구로, 각 나라의 정

부가 아동권리를 잘 보호하고 있는지 정기적으로 모니터링합니다.

협약은 유년기를 다방면에서 세세히 살폈습니다. 여러분의 모든 권리는 서로 연결되어 있고, 다른 권리들보다 더 중요한 권리는 없습니다. 이 협약은 정부에 여러분의 권리를 옹호할 의무와 여러분이 권리를 누리는 것을 보장할 책임을 부여했습니다. 모든 부모와 보호자는 여러분의 권리를 옹호할 의무가 있습니다. 또한 여러분은 자신에게 영향을 미치는 모든 결정에 참여할 권리를 지닙니다. 협약은 여러분이 성장할수록 스스로 책임을 질 수 있는 능력도 커지기 때문에 보호가 덜 필요해진다는 사실을 인정하고 있습니다. 다양한 환경과 문화에서 다채로운 삶의 경험과 능력을 지닌 아

동들이 성숙하는 나이는 제각각입니다. 이에 관한 법적 용어는 **진화하는 능력**입니다. 이는 여러분이 성장할수록 여러분의 자율성(독립성)도 커진다는 의미입니다.

유엔아동권리협약은 세계에서 가장 많이 비준된 인권 협약입니다. 거의 모든 정부가 이 협약에 서명했고 법적 구속력을 지닙니다. 그만큼 이 협약의 중요성이 보편적으로 인정되었다는 의미입니다. 미국은 유엔 가입국 가운데 이 협약을 비준하지 않은 유일한 나라입니다. 하지만 다른 미국법과 국제인권협약에 아동권리가 포함되어 있기 때문에, 미국 법원과 정부는 아동의 최상의 이익을 고려해야만 합니다. 여러분이 미국에 산다고 해서 보호받지 못하는 것은 아닙니다.

어떤 나라는 협약의 규정을 자국법에 반영하여 아동권리를 향상시켰습니다. 이를 **직접 편입** 또는 **국내 편입**이라고 부릅니다. 이는 아동권리가 학교, 병원, 지방 자치 단체와 같이 아동에게 영향을 미치는 모든 분야와 관련된 법안에 통합된다는 뜻입니다. 이 덕분에 여러분은 권리가 실행되는 방식에 대해 더 적극적으로 목소리를 낼 수 있습니다.

하지만 어떤 정부들은 협약의 일부 권리를 **유보**했습니다. 유보는 해당 정부가 일부 권리를 전적으로 옹호하지 않아도 되는 회피의 수단으로 이용될 수 있습니다.

기본 원칙

여러분의 권리는 4개의 기본 원칙에 근거합니다. 협약을 만든 사람들이 모든 논의에 이 원칙을 적용했기 때문에 이 원칙은 핵심적입니다. 또한 여러분의 권리를 이해하는 데 매우 유용한 틀입니다.

기본 원칙은 다음과 같습니다.

- 생명, 생존, 발달의 권리
- 평등과 비차별
- 의견 표현 및 참여의 권리
- 아동 최상의 이익

기본 원칙은 아동이 어른에게 복종하는 소유물이 아니라는 사실을 명확히 합니다. 여러분은 부모님이나 다른 어른들과 함께 의사 결정에 참여할 수 있습니다. 여러분은 똑같은 존엄을 지닌 인간이며 존중받을 자격을 지닙니다. 사람들은 아동을 미래형으로 이야기하는 경향이 있습니다. 마치 결정에 참여할 권리가 나중에나 가능한 것처럼 말이죠. *"네가 어른이 되면 그때…… 할 수 있어."* 그러나 아동권리협약은 세상이 어른의 시선에만 주목한다면 아동의 시선을 놓치게 된다는 사실을 인식합니다. 어린이와 청소년은 타당하고, 고유하며, 중요한 통찰력을 바로 지금 지니고 있습니다.

여러분의 권리는 동등하고
서로 연결되어 있습니다

아동권리 중 어떤 것도 다른 권리보다 더 중요하지 않습니다. 모든 아동권리는 연결되어 있습니다. 어린이와 청소년이 성장하기 위해서는 모든 아동권리가 필요합니다.

때로 모든 권리가 동등하게 보이지 않을 수 있습니다. 만일 음식이 부족하다면, 여러분의 마음속에 배고픔이 가장 우선일 겁니다. 신체적인 학대를 당하고 있다면, 고통이 여러분을 압도할 것입니다. 교육을 받지 못하는 것은 정말 부당합니다. 어떤 권리라도 부정당한다면 그것은 지속적인 영향을 미칩니다. 만일 여러분이 부모가 된다면 그 여파는 미래에 여러분의 자녀에게도 미칠 수 있습니다.

어려운 상황에 처한 사람이라면 누구나 *자신의 권리가 다른 사람의 권리보다* 더 중요하다고 믿고 싶은 유혹이 있을 수 있습니다. 절박함은 분노를 잘못된 방향으로 이끌기 쉽습니다. 때로 **희생양**을 만들어 내기도 하지요. 권력을 지닌 사람에게 책임을 묻는 것이 아니라, 자신보다 못하거나 자신과 비슷하게 어려운 상황에 있는 사람을 비난하는 것입니다. 이는 종종 갈등을 일으킵니다. 전통과 문화 또한 권리에 대한 사람들의 생각과 접근 방식에 영향을 미칩니다.

그렇기 때문에 아는 것이 중요합니다. 여러분의 권리를 알면 권리들이 서로 어떻게 연결되어 있는지, 무엇이 여러분의 권리를 막고 있는지, 권리를 어떻게 주장할지를 더 쉽게 이해할 수 있습니다.

모든 아동권리는 교차되고 서로 연결되어 있으며 기본 원칙에 의해 옹호됩니다. 아동권리협약은 54개의 권리, 즉 조항으로 구성되어 있습니다. 그중 41조부터 54조는 여러분이 모든 권리를 반드시 누리도록 하기 위해 어른들과 정부가 어떻게 협업해야 하는지를 다룹니다.

이 책은 1조부터 40조를 핵심 주제에 맞춰 분류해 살펴봅니다. 또한 모든 정부가 아동과 어른에게 아동권리에 대해 교육할 의무를 지닌다고 규정한 42조도 들여다봅니다.

여러분이 가진 권리

생명, 존엄, 건강

여러분은 생명에 관한 고유의 권리와 적절한 생활 수준을 누릴 권리를 지닙니다. 주거, 음식, 물, 깨끗한 환경, 의료, 건강 관리 등이 여기에 포함됩니다.

평등과 비차별

여러분은 전 세계의 다른 아동들과 똑같은 권리를 지닙니다. 이는 여러분의 인종, 민족, 성별, 섹슈얼리티, 종교, 언어, 경제 수준, 장애 여부, 부모의 정치 활동, 여러분 자신의 정치적 견해와 무관합니다.

참여

여러분은 재판 과정을 비롯해 여러분에게 영향을 미칠 수 있는 모든 결정에 의견을 표현하고 참여할 권리를 지닙니다. 또한 여러분은 정보를 제공받을 권리를 지닙니다.

신분

여러분은 이름과 국적에 대한 권리를 지닙니다. 이는 다른 모든 권리에 접근하는 것을 가능하게 하는 여러분의 법적 신분입니다.

안전한 공간

여러분은 안전한 공간에서 생활하고 돌봄을 받을 권리를 지닙니다. 여러분이 난민이나 이주 아동이라도, 부모가 없거나 입양되었거나 위탁 가정 혹은 거리에서 생활하더라도 마찬가지입니다.

위험으로부터의 보호

여러분은 고문을 당하거나, 잔인하고 비인도적이며 굴욕적인 대우를 받지 않을 권리를 지닙니다. 또한 정신적·감정적·신체적 학대, 위험한 노동, 강제 노동, 약물, 성매매 등으로부터 보호받을 권리를 지닙니다.

신체의 온전성

여러분은 성적 학대, 여성 성기 절제(할례), 조혼과 강제혼으로부터 보호받을 권리를 지닙니다.

무장 폭력으로부터의 보호

여러분은 생명에 대한 권리와 전쟁 및 무력 분쟁으로부터 보호받을 권리를 지닙니다. 여러분이 미성년자라면 전쟁에 참여하거나 싸우라는 요구를 받아서는 안 됩니다.

형사 사법 제도와 자유

여러분은 잔인하거나 해롭거나 굴욕적인 처벌을 받지 않을 권리를 지닙니다. 여러분에게는 공정한 발언의 기회가 주어져야 하고 판사는 여러분의 나이와 필요를 고려해야 합니다. 여러분은 학대로부터 회복되는 데 필요한 도움을 받아야 합니다.

사생활

여러분은 사생활을 존중받을 권리를 지니며, 놀림, 간섭, 괴롭힘, 위협, 그리고 명성에 대한 공격으로부터 보호받아야 합니다.

소수자와 선주민 권리

여러분이 소수자나 선주민이라면 여러분 고유의 문화를 향유하고, 고유의 종교를 믿고 실천하며, 고유의 언어를 사용할 권리를 지닙니다.

교육

여러분은 인격, 재능, 잠재력을 계발하기 위해 양질의 교육을 받고 학교에 다닐 권리를 지닙니다. 지식에 접근하고 지도를 받을 권리가 있습니다. 여러분은 여러분의 권리에 대해 알 권리를 지닙니다.

놀이

여러분은 놀고, 쉬고, 누구와 친구가 될지를 스스로 선택하고, 생각을 나누고, 예술과 문화를 향유할 권리를 지닙니다.

사상의 자유

여러분은 자신의 생각을 존중받을 권리를 지닙니다. 여러분은 자신의 신념을 따르거나 아니면 어떠한 신념도 따르지 않기를 선택할 수 있습니다.

목소리와 평화적 시위

여러분은 자신의 의견을 표현할 수 있고, 다른 사람들에게도 평화적 시위 등의 방법으로 의견을 표현하라고 권유할 권리를 지닙니다. 여러분은 지식과 정보를 요청하고 제공받을 권리가 있습니다.

선택의정서

아동권리협약이 채택된 이후, 별도의 보호와 안전 대책을 제공하기 위해 3개의 선택의정서가 추가되었습니다. 각국의 정부는 의정서의 **비준** 여부를 선택할 수 있습니다. 여러분의 정부가 아직 비준하지 않았다면, 여러분은 이 의정서들이 채택될 수 있도록 캠페인을 진행할 권리가 있습니다.

아동의 무력 분쟁 관여에 관한 제1선택의정서

전쟁과 무력 분쟁에 여러분이 징병되지 않도록 보호하는 아동권리협약의 현재 내용을 강화하는 것을 목표로 합니다. 2020년까지 197개 나라 중 170개 나라가 비준했습니다. 10개의 나라는 서명은 했지만 아직 비준하지 않았습니다. 이는 10개 나라가 미래의 언젠가 제1선택의정서에 법적 구속력을 부여할 예정이라는 의미입니다. 17개의 나라는 서명도 비준도 하지 않았습니다.

아동 매매, 아동 성매매 및 아동 성 착취물에 관한 제2선택의정서

여러분을 성적 착취와 학대로부터 보호하는 것을 목표로 합니다. 2020년까지 176개 나라가 비준했고, 9개 나라가 서명은 했으나 아직 비준하지 않았으며, 12개의 나라는 어떤 조치도 취하지 않았습니다.

개인 청원 절차에 관한 제3선택의정서

제3선택의정서는 2014년에 발효되었습니다. 여러분 나라의 법률 제도가 여러분의 권리 위반 문제를 해결하지 못할 때, 여러분 또는 여러분을 대리하는 이가 유엔아동권리위원회에 청원을 제기할 수 있도록 했습니다. 제3선택의정서를 비준한 정부는 '고충을 제기할 권리'를 자국의 법에 규정한 것이며, 어린이와 청소년이 좀 더 일관되고 믿을 수 있는 수단을 통해 자신의 권리를 행사할 수 있도록 하는 것입니다. 유엔에는 아동권리를 강제할 권한을 지닌 국제 경찰력이 없습니다. 이는 아동권리를 지키는 것이 아동 또는 아동을 대리하는 어른에게 달려 있다는 의미입니다. 따라서 제3선택의정서는 반드시 필요합니다. 제3선택의정서는 여러분이 자신의 의사를 표현할 권리를 옹호할 뿐 아니라 정부의 행동에 대한 국제적인 감시를 지원하여 청원을 더 쉽게 할 수 있도록 했습니다. 2020년까지 197개 중 47개의 주와 나라가 제3선택의정서를 비준했습니다.

2부

여러분의 권리 이해하기

"우리는 아직 자유롭지 않다는 것이
진실입니다. 우리는 단지 자유로울 수 있는
자유와 억압받지 않을 수 있는 권리를
성취했을 뿐입니다…… 자유롭다는 것은
자신의 사슬을 집어던지는 것에
그치지 않고 다른 사람의
자유를 존중하고 고양시키기 위한
삶을 사는 것이기 때문입니다."

넬슨 만델라,
1994년 남아프리카 공화국의 대통령이 되기 전까지
27년 동안 감옥살이를 한 반(反)아파르트헤이트 활동가.

2

현실에서의 여러분의 권리

아동권리를 포함한 인권은 현실 세계에서 중요하며 여러분의 매일매일에 영향을 미칩니다.

여러분이 권리를 누리고 있더라도 여러분은 아마 권리가 작동하고 있다는 것을 인식하지 못할 것입니다. 행복하고, 좋은 음식을 먹고, 집이 있고, 교육을 받고, 사랑하는 가족과 친구가 있다면 여러분의 권리는 잘 작동하고 있는 것입니다. 하지만 여러분이 굶주리고, 폭력을 겪고, 안전한 집이 없고, 교육을 받지 못하고, 의견을 말할 수 없다면, 여러분의 권리는 위반되거나 침해되고 있는 것입니다.

2부에서는 여러분의 권리를 설명하고, 권리와 현실 사이의 간극을 살펴볼 것입니다. 또한 세상을 변화시키기 위해 투쟁해 온 아동 활동가들의 실제 이야기를 소개하겠습니다.

생명, 존엄, 건강

여러분은 생명, 생존, 발달, 적절한 삶의 수준, 최상의 건강 상태에 대한 권리를 지닙니다. 여러분이 최상의 이익을 누리는 것이 무엇보다 중요합니다. 이는 안전한 식수, 양질의 위생 설비, 적절한 주거, 충분한 영양식, 깨끗한 환경, 적정한 건강 관리를 포함합니다. 모든 아동은 사회보장제도의 혜택을 받을 권리가 있습니다. 정부는 재정적 지원 및 기타 지원 프로그램 등을 통해 부모가 여러분을 양육하는 데 필요한 도움을 제공해야 합니다. 또한 여러분이 건강을 유지하는 방법을 알 수 있도록 건강, 위생, 영양, 위생 설비에 관해 교육을 받게 해야 합니다. 정부는 어린이와 청소년의 사망을 막기 위해 최선의 노력을 다해야 합니다. 정부는 아동의 건강과 관련해 국제 협력을 증진하고 장려할 의무를 지닙니다.

3, 6, 18, 24, 26, 27조.

무슨 뜻인가요?

여러분의 생명, 생존, 발달에 관한 권리는 여러분이 다른 권리를 누리는 데 필수적입니다. 이 권리들은 기본 원칙에도 포함되어 있습니다.(35쪽 참조.) 건강권은 매우 중요합니다. 신체적, 정신적 건강과 안녕을 위해서는 여러분과 가족이 영양식, 적절한 집, 깨끗한 식수, 양질의 위생 설비, 적절한 의료를 누릴 수 있어야 합니다. 이를 위해 깨끗한 기후와 지속 가능한 환경 또한 필요합니다.

만일 여러분이 좋은 생활 여건에서, 영양식을 먹고 깨끗한 물을 마실 수 있다면, 병에 걸리더라도 건강을 회복하기 쉬울 것입니다.

현실은 어떤가요?

2019년 기준으로 6명 중 1명의 아동이 극심하게 가난한 삶을 살고 있습니다. 이 숫자는 코로나19 팬데믹과 함께 상당히 증가했습니다. 만일 여러분의 가족에게 안전한 거처가 없고, 음식을 어떻게 마련해야 할지 막막하다면, 여러분의 생존과 발달은 매우 어려울 것입니다. 많은 어린이와 청소년이 굶주리고 있으며, 수도와 화장실 같은 기본적인 시설이 없는 열악한 집에 살고, 위생 교육을 받지 못한 채 성장하고 있습니다. 이는 자원이 부족하기 때문일 수 있지만, 방치와 차별이 원인이기도 합니다. 정부는 특권을 누리는 이들에게 더 많은 관심을 갖는 경향이 있지요.

청소년은 종종 어른이 져야 할 책임을 떠맡습니다. 만일 여러분이 기근, 가뭄, 분쟁을 겪는 지역에 산다면 특히 그럴 가능성이 높지요. 동생들을 위해 일을 하거나 동생들을 돌봐야 할 수도 있고, 학교를 그만둬야 할 수도 있고, 일찍 결혼해야 할 수도, 생존을 위해 성매매에 연루될 수도 있습니다. 영양실조, 상해, 설사성 질환, 원치 않는 임신, 성폭력, 성병, 정신 건강 문제로 고통을 겪을지도 모릅니다.

아동권리협약이 채택된 후 30년 동안 5세 이하 아동의 사망률이 절반 이상 감소하는 성과가 있었습니다. 협약이 성과를 내고 있지만, 여전히 해야 할 일이 많습니다. 2018년, 약 6200만 명의 15세 미만 어린이와 청소년이 사망했습니다. 대부분이 막을 수 있는 죽음이었습니다. 5세 미만 아동들의 생명을 심각하게 위협하는 것은 여전히 영양실조와 치료 가능한 질병입니다.

정부는 질병의 예방, 통제, 치료에 필요한 모든 조치를 취하는 등 여러분의 건강 및 건강 관리권을 보호할 의무를 지닙니다. 대부분의 질병은 기초적인 위생이 결여되어 있기 때문에 전파됩니다. 하지만 2020년에도 거의 8억 2000만 명의 아동이 기본적인 수준의 손 씻는 설비를 갖추지 못한 학교에 다니고 있습니다. 이는 아동들이 질병에 감염되거나 학교에 질병이 전파될 위험을 높이지요.

인체면역결핍바이러스/에이즈(HIV/AIDS), 에볼라, 코로나19와 같은 보건 위기는 생명에 직접적인 위험을 줄 뿐 아니라 아동권리에 막대한 영향을 미칩니다. 2016년, 약 12만 명의 아동이 에이즈와 관련된 질병으로 사망했습니다. 2014년부터 2016년까지 에볼라의 유행으로 서아프리카의 시에라리온, 기니, 라이베리아 아동 500만 명이 9개월 동안 학교를 가지 못했고, 결국 학교에 돌아가지 못한 아동도 많습니다. 2020년 코로나19 팬데믹이 시작되면서 약 10억 명의 아동이 수개월 동안 학교에 가지 못했습니다. 많은 아동이 이 기간 동안 어떤 학습 기회도 얻지 못했습니다.

전염병 유행과 팬데믹으로 생계가 어려워진 가정이 많습니다. 특히 어린이와 청소년들이 강제 노동, 성 착취, 10대 임신, 조혼 같은 위험에 놓였습니다. 스트레스가 쌓이면서 가정 폭력이 더 많이 발생했습니다. 질병으로 인한 사망이 증가하면서 많은 어린이와 청소년이 부모를 잃거나 착취와 학대에 더 취약해졌습니다. 각국의 경제는 중대한 보건 위기에서 벗어나려고 안간힘을 쓰고 있습니다. 이 보건 위기는 특히 가난하고 주변화된 사람들의 권리에 커다란 타격을 주었습니다.

보건 위기와 팬데믹은 인간이 생물 다양성과 환경을 보호하는 데 실패했기 때문에 발생했고 악화되었습니다. 인간의 자연 침해가 늘어나면 새로운 질병의 출현과 전파도 빨라질 것입니다.

기후 위기에 의해 야기되는 환경 파괴는 아동권리에 대한 가장 큰 위협이 될 것이며 궁극적으로 인간의 생존을 위협할 것입니다. 주로 부자 나라의 과도한 탄소 배출이 모든 아동의 미래를 지속적으로 위협하고 있습니다. 지구가 뜨거워질수록 폭력과 정신 건강 문제가 늘어날 뿐 아니라, 가뭄, 기근, 기상 이변, 말라리아와 뎅기열 같은 질병이 더 많이 발생할 것입니다. 약 100만 종의 동물과 식물이 멸종 위기에 처해 있습니다.

세계에서 가장 가난한 사람들이 기후 변화에 취약한 지역에 살고 있습니다. 홍수가 자주 발생하는 지역에 사는 아동이 5억 명이 넘습니다. 기근, 가뭄, 홍수는 사람들이 어쩔 수 없이 집을 떠나게 만듭니다. 유엔은 걷잡을 수 없는 기후 변화로 2050년까지 10억 명의 난민과 이주민이 발생할 수 있다고 전망했습니다. 아동 난민과 이주민은 학대, 방임, 인신매매, 강제 노동을 당할 위험이 크고 교육을 받지 못할 가능성이 높습니다.

2030년에서 2050년 사이에, 기후 변화로 인해 매년 약 25만 명이 영양실조, 말라리아, 설사성 질환, 열사병으로 사망할 것으로 예상됩니다. 태풍 같은 기후 재난으로 인한 여성과 아동의 사망률은 남성보다 약 14배 더 많습니다. 기후 변화는 건강에 직접적인 영향을 미치는 농사, 물, 위생 시설 같은 분야에 엄청난 비용을 발생시킬 것입니다. 2030년까지의 추가 비용은 매년 20억에서 40억 달러로 추정됩니다.

대기 오염 역시 여러분의 생명권과 건강권에 막대한 영향을 미칩니다. 대기 오염 정도가 심각한 독성 수준인 지역에 사는 아동이 전 세계적으로 3억 명에 달합니다. 약 20억 명의 아동이 세계보건기구가 정한 최저 대기 환경 기준보다 오염도가 높은 지역에 살고 있습니다. 이로 인한 영향은 끔찍합니다. 매년 5세 미만 어린이 약 60만 명이 대기 오염으로 인한 질병이나, 대기 오염으로 인해 다른 질병이 악화되어 사망합니다. 수백만 명이 호흡기 질환으로 고통을 겪고 있습니다.

여러분의 건강과 발달은 여러분이 먹는 음식과 마시는 물에 영향을 받습니다. 가난은 여기에 큰 영향을 미칩니다. 건강한 음식을 구매하는 데 드는 비용을 감당할 수 없는 가정이 많습니다. 공격적인 기업 마케팅 전략이 여러분의 건강권을 침해할 수도 있습니다. 예를 들어 패스트푸드나 가당 음료 광고를 반복적으로 접한다면, 여러분은 그 제품을 더 많이 구매할 것입니다. 전 세계적으로 비만인 아동의 숫자가 1975년 1100만 명에서 2016년 1억 2400만 명으로 증가했습니다.

2018년, 공식 영양 지침을 충족하는 정도의 충분한 과일, 야채, 생선 등의 좋은 음식을 마련하기 어려운 가정에 사는 어린이가 영국에서만 약 400만 명에 달했습니다.

권리를 위한 투쟁

행동하기

> **"** *깨끗한 물을 마시는 것은 기본적인 인권입니다.*
> *인종, 경제적 수준, 사는 장소에 상관없이*
> *모든 사람에게 깨끗한 물이 필요합니다.*
> *지구상의 모든 생물이 생존을 위해*
> *깨끗한 물을 필요로 합니다."*

어텀 펠티에는 '물의 전사'로 알려져 있습니다. 그녀는 캐나다의 웍웨미콩 선주민 공동체 아니쉬나베의 일원입니다. 캐나다 선주민들이 사는 영토 중 많은 곳에 '물 끓여 먹기 권고'가 내려져있습니다. 이는 해당 지역의 물이 너무 오염되었기 때문에 마시거나 씻는 데 사용해서는 안 된다는 경고입니다. 끓이지 않은 물을마시면 구역질, 경련, 설사, 두통뿐 아니라 콜레라, 장티푸스, 이질에 걸릴 수 있습니다. 캐나다는 세계적으로 부유하고 물이 풍족한나라 중 하나입니다. 캐나다 정부는 수질을 엄격히 관리하기 때문에 대다수의 캐나다인들은 안전한 물을 이용합니다. 그러나 선주민들이 사는 선주민 보호 구역에는 이러한 관리가 적용되지 않습니다. 이들 지역에는 물이 오염되어 있거나, 물을 구하기 어렵거

나, 정수 설비가 고장 난 경우가 많습니다.

어텀에게 커다란 영향을 준 사람은 이모 할머니인 조세핀 만다민입니다. 할머니는 자신들의 땅에 흐르는 성스러운 물을 어떻게 보호해야 하는지 몸소 보여 주었습니다. 어텀은 물 끓여 먹기 권고에 대해 배웠고, 지역의 물이 오염되었다는 사실을 알게 되었습니다.

캐나다 온타리오주에 있는 61개 이상의 선주민 공동체가 지역의 물을 마시지 못합니다. 자신들이 사는 지역의 물을 마시지 못한 지 20년이 넘은 공동체도 있습니다. 시간이 흐르면서 어텀은 할머니의 건강이 조금씩 나빠지고 있다는 사실을 알아차렸습니다. 어텀은 앞으로 누가 할머니를 대신해서 물을 보호하는 활동을 할지 걱정이 됐습니다. 할머니는 돌아가시기 바로 전에 어텀에게 그 활동을 계속해 달라고 당부했습니다. "물을 사랑하고 보호하는 것을 멈추지 말거라. 어느 누구도 너의 활동을 멈추게 해선 안 된다. 멈추지 말고 계속하거라."

❝ *저는 우리나라가 부유하기 때문에, 제3세계와 같은 상황에 처해 있지 않다고 생각했습니다. 하지만 우리 선주민들은 지금까지도 제3세계 상황에서 살고 있습니다.*

저는 이와 관련해 무언가를 해야 한다고 생각했습니다.
이렇게 저의 여행이 시작되었습니다.
그때 저는 8살이었습니다."

어텀은 13세인 2018년, 유엔 세계 물의 날에 연설을 했습니다. 선주민 의회는 어텀을 물의 수호자로 위촉했고, 상도 수여했습니다. 어텀은 그녀의 공동체와 전 세계 선주민들이 깨끗한 물을 마시는 것을 목표로 활동하고 있습니다.

행동하기

'바다의 딸'로 알려진 카이리야 라만야는 태국 남부 바닷가 근처의 어부 가정에서 태어났습니다. 차나 지역의 여느 아이들처럼 그녀는 물 옆에서 자랐습니다. 집 근처 바다는 해산물이 풍부했고, 바다거북이나 분홍돌고래처럼 멸종 위기에 처한 바다 생물들의 안식처였습니다.

2020년, 17세의 카이리야는 차나 지역을 공업 단지로 개발하겠다는 태국 정부의 계획에 반대하는 캠페인을 시작했습니다. 그녀는 피켓을 들고 이 캠페인을 알리는 데 많은 시간을 쏟았습니다. 태국 총리에게 개발을 멈춰 달라는 편지를 전하기 위해 집에서 방콕 정부 청사까지 1000킬로미터 거리를 이동하기도 했습니다. 카이리야는 개발이 지역 주민의 문화와 생활을 파괴하고, 그 지역의 풍부한

바다 자원을 심각하게 훼손할 것이라고 우려했습니다. 결국 태국 정부는 결정을 미루었습니다. 하지만 이 책을 쓰고 있는 지금 시점에도 정부는 개발 중단 여부를 결정하지 않았습니다. 그녀는 캠페인을 지속하고 있습니다.

> 저는 바다와 함께 살고, 바다에서 먹을 것을 얻고,
> 바다와 함께 자랐습니다.
> 저와 바다는 강하게 연결되어 있습니다.
> 저는 지금의 우리가 누리는 것처럼, 자연의 풍요로움이
> 가득한 공간에서 어른으로 성장하고 싶습니다.
> 다음 세대도 제가 성장한 것과 똑같은 자연에서
> 성장할 권리를 누리기를 바랍니다."

행동하기

그레타 툰베리는 15세였던 2018년, 스웨덴 의회 앞에서 시위를 시작했습니다. 그녀는 2015년 세계 지도자들이 합의한 탄소 배출 목표제를 이행하라고 스웨덴 정부에 요구했습니다. 매주 금요일

학교에 가지 않고 '기후를 위한 등교 거부'라고 쓴 팻말을 들고 시위를 이어 갔습니다.

그녀의 시위 소식은 소셜 미디어를 통해 급속도로 퍼졌습니다. 그녀를 지지하고 공감하는 시위가 '#FridaysForFuture (#미래를위한금요일)'라는 해시태그를 달고 전 세계에 퍼져 나갔습니다. 2018년 12월까지 2만 명 이상의 학생이 시위에 동참했습니다.

그녀는 많은 사람들의 행동을 변화시켰고, 기후 변화 대책 시위를 조직했습니다. 2019년 9월 1일, 161개 나라에서 400만 명이 글로벌 기후 파업에 동참했습니다. 이는 역사상 가장 큰 규모의 기후 시위로 기록되었습니다.

그레타는 유엔기후행동정상회의에서 다음과 같이 말했습니다.

> 66 당신들은 우리를 망치려 들고 있습니다.
> 하지만 청소년들은 당신들의 배신을 간파하기
> 시작했습니다. 모든 미래 세대의 눈이
> 당신들을 지켜보고 있습니다.

만일 당신들이 우리를 망하게 하는 선택을 한다면,
나는 단언합니다.
우리는 결코 당신들을 용서하지 않을 것입니다.
좌시하지 않을 겁니다.
지금, 바로 여기까지가 한계입니다. 당신들이 원하든 원하지
않든 세계는 깨어나고 있고 변화는 오고 있습니다."

같은 달에 그레타와 함께 전 세계의 아동 활동가 15명이 기후위기에 대한 정부의 미온적인 대응에 항의하기 위해 유엔아동권리위원회에 탄원서를 제출했습니다.(250쪽 참조.)

행동하기

66 당신이 가진 것으로 할 수 있는 모든 것을 하세요.
당신이 가진 시간에, 당신이 있는 곳에서."

은코시 존슨은 1989년에 남아프리카 공화국에서 인체 면역 결핍 바이러스(HIV)를 갖고 태어났습니다. 이 바이러스는 면역 체계를 약화시켜 결국 에이즈에 걸리게 하는 만성 질환입니다. 은코시의 어머니 논스란슬라 다프네 은코시가 에이즈에 감염되었고, 자신도 알지 못한 사이에 배 속의 아기에게 HIV 바이러스가 전염된 것이

지요. 에이즈 발견 초기(1981년 처음 발견됨.—옮긴이)에는 효과적인 치료 방법을 찾지 못했습니다. 또한 에이즈 환자들에게 심각한 낙인이 찍혔습니다.

은코시는 2세 때 병원에 입원했습니다. 어머니 다프네는 심각한 낙인으로 인해 직장과 집 모두 잃게 될 가능성이 높았기에 은코시를 다시 집으로 데려오기가 겁났습니다. 다프네는 의사에게 조언을 구했습니다. 의사는 에이즈에 감염된 남성 동성애자들을 위한 센터의 이사이기도 했습니다. 그는 센터 설립자인 게일 존슨에게 은코시를 받아 줄 수 있는지 물었습니다. 그녀는 은코시를 받아 주기로 했고 어머니 다프네도 동의했습니다. 이후, 다프네는 은코시가 매달 병원에서 치료를 받는 데 도움이 되도록 게일이 은코시를 입양하고 자신의 집으로 데려가도록 했습니다.

다프네는 1997년에 세상을 떠났습니다. 같은 해, 은코시는 HIV 감염인이라는 이유로 요하네스버그에 있는 학교로부터 입학을 거부당했습니다. 이 사건으로 사람들이 은코시에게 관심을 갖기 시작했습니다. 은코시는 새어머니 게일과 함께 변화를 위한 캠페인을 시작했고 캠페인은 성공적이었습니다.

건강상의 이유로 아동의 학교 입학을 막아서는 안 된다는 내용의 차별 금지 정책이 새로 만들어진 것입니다. 은코시는 에이즈에 걸린 아동들을 위한 캠페인을 지속했고, 게일과 함께 '은코시의 안식처'라는 시설을 설립했습니다. 이 시설은 HIV에 감염된 어머니와 아이들이 머물 수 있는 보호소입니다.

2000년, 11세의 은코시는 세계 에이즈 컨퍼런스에 기조 연설자로 초청받았습니다. 개막 행사에서 은코시는 이렇게 말했습니다. "우리를 돌봐 주고 받아들여 주세요. 우리는 모두 인간입니다. 우리는 평범합니다. 우리는 손과 발이 있고, 걷고, 말하고, 다른 사람들과 동일한 욕구를 갖고 있습니다. 우리를 두려워하지 말아 주세요. 우리도 똑같아요!" 그의 연설은 사람들에게 큰 감동을 주었습니다.

2001년, 은코시가 12세의 나이로 사망하자 그를 추모하는 장례식이 열렸고 수천 명이 참석했습니다. 또한 생전 은코시의 노고를 기리기 위해 국제아동평화상을 은코시에게 수여했습니다.

은코시의 죽음 이후, 임신부가 에이즈 감염인이더라도 태아에게 전염되는 것을 막는 치료법이 개발되었습니다. 이제는 HIV 감염인도 적절한 의학적 치료를 받으면 비감염인과 마찬가지로 자신의 수명대로 살 수 있습니다.

평등과 비차별

모든 미성년자는(보통 18세 미만이지만, 나라마다 다를 수 있음.) 똑같은 권리를 지닙니다. 여러분은 인종, 민족, 피부색, 성별, 젠더 정체성, 언어, 종교, 문화, 섹슈얼리티, 장애, 병력, 계급에 무관하게 법 앞에 평등합니다. 만일 여러분에게 장애가 있다면, 가능한 한 독립적이고 존엄한 삶을 살수 있도록 특별한 교육과 돌봄을 받을 권리가 있습니다.

1, 2, 23조와 아동권리위원회 일반 논평 제13호.

무슨 뜻인가요?

평등은 협약의 기본 원칙 중 하나입니다. 이는 모든 아동이 가능한 한 최상의 조건에서 인생의 첫출발을 할 자격이 있다는 의미입니다. 어느 누구도 편견과 차별로 고통받지 않아야 하며 어느 누구도 자신의 신분이나 인적 네트워크를 이유로 특별 대우를 받지 않아야 합니다. 협약은 아동이 권리 주체자로서 어른과 똑같은 지위와 똑같은 권리를 지닌다고 선포했습니다.

평등은 인간의 차이를 존중하는 가치이기 때문에 다양성을 지지합니다. 모든 아동이 잘 자라야 하고 충만한 삶으로 이어질 수 있는 기회를 똑같이 누려야 합니다. 인류가 지닌 경이로운 차이가 사회를 풍요롭게 합니다. 평등은 모든 사람을 이롭게 합니다.

차별은 편견으로부터 비롯되고, 불공정한 대우를 만들어 냅니다. 차별은 다른 사람을 희생해서 일부 사람에게 혜택을 줍니다. 그래서 차별은 평등과 충돌합니다. 차별은 차별받는 사람과 차별하는 사람 모두의 인격을 손상시킵니다.

현실은 어떤가요?

모든 형태의 차별의 중심에는 특혜와 자원을 누리는 권력 관계가 존재합니다. 권력 구조는 흔히 차이 또는 타자 개념에 기생합니다. 이는 어떤 집단이 다른 집단보다 더 우월하다는 근거 없는 믿음입니다. 이러한 믿음은 시간이 흐르면서 편견으로 변합니다.

차별은 정당화될 수 없고, 인권에 반합니다. 하지만 차별은 집요하게 지속됩니다. 차별은 다른 사람들을 희생하여 일부 사람에게 혜택을 줍니다. 차별은 불평등과 불의를 낳습니다. 차별로 인해 사람들은 가난에서 벗어나기 더 어렵고, 쉽게 권리를 침해받습니다.

어떤 정부는 권력을 강화하기 위해 도덕, 종교, 이념의 이름으로 차별을 정당화합니다. 심지어 국제법을 위반하면서까지 차별을 국내법에 명확히 법제화하는 경우도 있습니다. 어떤 집단에 속해 있다는 이유만으로, 예컨대 가난해서, 선주민이라서, 흑인이라서 등의 이유로 덜 중요하고, 범죄를 더 많이 저지른다고 생각하지요. 이런 차별적 생각에 기반해 권력 구조를 만들기도 합니다.

차별에는 여러 유형이 있습니다. 여기 일부를 소개합니다. 모든 차별은 아동권리협약뿐 아니라 국제인권협약에도 위배됩니다.

인종 차별

인종 차별은 이념에 의해 부추겨진 차별로 수백 년 동안 전 세계의 모든 나라에 영향을 미쳤습니다. 인종 차별은 인간을 '인종'으로 분류할 수 있으며, 흰색 피부를 지닌 사람들이 갈색이나 검은색 피부를 지닌 사람들보다 우월하기 때문에 그들을 지배하는 것이 당연하다는 잘못된 신념에 기반합니다. 인종 차별은 피부색, **민족**(피부색과는 다른 것으로서 문화적 전통임), 혈통(**카스트** 등), 출신국 등을 이유로 사람들의 인권을 조직적으로 부정합니다.

과학은 생물학적으로 인종은 없다는 사실을 보여 줍니다. 그러나 여전히 많은 사람이 인종이라는 개념을 믿으며, 증오, 박해, 살인을 정당화하기 위해 이를 이용합니다. 이는 두말할 나위 없는 인종 차별입니다. 인종 차별과 **백인 우월주의**, 즉 백인이 더 우월하다는 뿌리 깊은 믿음으로 인해 흑인을 비롯한 **유색인**은 일상에서 억압을 받아 왔습니다. 기업과 개인은 이러한 믿음을 전파시켜 영속적인 두려움을 이용해 많은 돈을 법니다.

인종은 생물학적으로 존재하는 것이 아니라 사회적인 개념입니다. 다시 말해서 사실에 근거한 것이 아니라, 수세기 동안 사회가 우리로 하여금 그렇게 생각하도록 만들어 온 것입니다. 지난 수십 년 동안 과학은 모든 인류가 생물학적으로 매우 가깝게 연결되어 있다는 사실을 증명했습니다. 우리는 모두 동일한 유전자를 지니고 있습니다. 우리는 모두 아프리카 대륙 출신입니다.

1525년부터 1866년까지 유럽과 아메리카 대륙의 상인들은 대서양을 횡단하는 노예 매매를 통해 최소 1200만 명의 아프리카 대륙 사람들을 노예로 거래해 막대한 이윤을 얻었습니다. 이들은 아프리카 대륙 사람들에 대한 잔인하고 비인간적이며 모멸적인 대우를 정당화하기 위해 인종 차별을 이용했습니다. 인종 차별은 엄청난 고통과 상처를 낳았습니다. 인종 차별을 억제하지 않는다면 잔혹 행위와 제노사이드가 늘어날 것입니다.

성차별

전 세계 많은 나라의 법, 정책, 관습, 믿음이 여성들의 권리를 부정합니다. 많은 정부가 여성을 억압하는 정책을 공식적으로 지지합니다. 예를 들어, 여러분이 사우디아라비아에 사는 여성이라면 여러분은 평생 동안 차별을 받을 것입니다. 어른이 되어서도 남성 보호 시스템 아래에서 어린아이처럼 취급받을 것입니다. 남성 보호 시스템은 남성 보호자가 여러분이 태어났을 때부터 죽을 때까지 여러분의 인생을 통제할 권력을 지니는 것입니다. (남성 보호자는 주로 아버지나 남편이지만 남자 형제나 아들이 될 수도 있습니다.) 이 시스템은 여러분이 스스로 중요한 결정을 하는 것을 허용하지 않습니다. 사우디아라비아의 여성들은 2018년까지 운전을 할 수 없었고, 지금도 남성 보호자의 허락 없이는 여권을 발급받을 수도, 여행을 할 수도 없습니다.

모든 나라에 나이에 상관없이 남성이 지배자로 행동하도록 만드는 사고방식이 끈질기게 존재합니다. 이러한 사고방식을 젠더 고정 관념이라고 합니다. 젠더 고정 관념은 여러분의 선택, 포부, 삶을 제한할 수 있습니다. 이것은 오랫동안 끊어지지 않는 인권 위반과 차별을 낳습니다. 2019년에 유엔아동기금은 전 세계 15~19세 여성 청소년 4명 중 1명이 교육받지 못하고, 돈을 벌 수 있는 일자리도 구하지 못하며, 훈련도 받지 못하고 있다고 밝혔습니다. 반면에 이러한 상황에 놓인 남성 청소년은 10명 중 1명이었습니다. 만일 여러분이 여성이라는 이유로 교육을 받지 못한다면, 어린 나이에 결혼과 출산의 압력을 받고 잠재력을 계발하기도, 직업을 구하기도 어려울 것입니다. 젠더 기반 폭력은 전 세계에 엄청난 고통을 야기하고 있습니다.(102쪽 신체의 온전성 참조.)

호모포비아와 트랜스포비아

전 세계 어디에나 자신이 누구인지, 누구를 사랑하는지, 누구에게 끌리는지 때문에 차별을 받는 사람들이 있습니다. 레즈비언, 게이, 바이섹슈얼, 트랜스젠더, 인터섹스(LGBTI)는 삶의 모든 영역에서 불공정한 대우를 받습니다. 이들은 종종 성적 괴롭힘과 폭행을 당합니다.

상호 동의한 동성 간의 성적 행동을 불법으로 간주하는 나라가 78개에 달합니다. 나이지리아나 소말리아의 일부 외곽 지역뿐 아니라 이란, 사우디아라비아, 예멘, 모리타니, 수단에서도 단지 동성애자라는 이유로 사형 선고를 받을 수 있습니다.

소위 '동성애자 전환 치료'는 과학에 근거하고 있다고 주장하지만, 이는 명백한 거짓말입니다. '동성애자 전환 치료'는 동성에게 끌리는 감정을 없애고, 태어날 때 지정된 성별을 받아들이도록 강제합니다. 유엔에 따르면 특히 청소년들이 '동성애자 전환 치료'를 더 많이 당하고 상당한 영향을 받는다고 합니다. 그러나 전환 치료는 비과학적이고, 의학적으로 규명되지 않았으며, 매우 모멸적이고 위험합니다. 2020년까지 5개의 나라(브라질, 에콰도르, 독일, 몰타, 대만)와 미국의 20개 주에서 아동에 대한 전환 치료를 금지했고, 다른 나라들도 이를 따를 것입니다.

지정된 성별에 불쾌감을 느끼는 어린이와 청소년은 자신이 동일시하는 성별을 인정하는 법적 서류(여권 등) 없이 자신이 누구

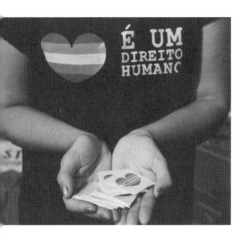

인지를 증명해야 하는 추가적인 부담을 집니다. 네팔, 뉴질랜드 같은 일부 나라들은 성 중립적인 문서를 발급하기 시작했습니다.

2013년에 러시아는 '동성애 선전 금지법'을 제정했습니다. 이 법은 청소년들이 성소수자인 LGBTI의 삶에 대한 정보를 얻는 것을 금지하고, 차별을 강화했습니다. 이 법으로 인해 인터넷 정보가 지워졌고 아동을 위한 정신 보건 연계 서비스가 중단됐으며, 지지 단체 및 정신 보건 전문가들이 청소년 성소수자들과 함께 활동하는 것이 어려워졌습니다. 또한 성소수자 아동과 성인에 대한 폭력과 괴롭힘이 증가했습니다.

지구의 반대편 칠레에서는 아마란타 학교가 2018년에 개교했습니다. 이 학교는 트랜스젠더 학생들과 그들의 형제자매, 그리고 전통적인 학교에 적응하기 어려워하는 모든 아동을 위한 세계 최초의 학교입니다. 이 학교는 정체성 때문에 괴롭힘을 당하던 청소년들을 환영하고 그들에게 안전한 공간을 제공하기 위해 세워졌습니다.

트랜스 또는 트랜스젠더는 자신이 태어났을 때 지정된 성별과 자신이 인식하는 성별이 다른 사람입니다. 트랜스젠더는 젠더 정체성 범주를 포함하는 포괄적인 용어이기도 합니다. **성별 불쾌감**(젠더 디스포리아)은 지정 성별과 <u>스스로</u> 느끼는 성별 간의 불일치로 인한 감정적 고통을 말합니다. **논바이너리**는 자신을 남성으로도 여성으로도 생각하지 않는 사람(달리 말하면, 성별 이분법에 속하지 않는 사람)을 지칭합니다. 이들은 자신이 태어났을 때 지정된 성별에 머물지 않는다는 점에서 트랜스젠더의 넓은 정의에 포함됩니다.

트랜스젠더리즘은 최근의 개념이 아닙니다. 하나의 예를 들자면, 인도의 트랜스젠더인 *히즈라*는 최소 2천 년 전으로 거슬러 올라가는 전통의 일부입니다.

장애 차별

약 10명 중 1명의 아동이 신체 또는 정신 장애를 지니고 있습니다. 그리고 장애인(아동과 성인 모두)의 80%가 개발 도상국에 살고 있습니다.

장애와 상관없이 모든 어린이와 청소년은 똑같은 권리를 지닙니다. 하지만 장애가 있다면 그러한 권리를 누리기 위해 별도의 도전을 해야 할 것입니다. 장애나 차이 때문이 아니라 사회의 장벽 때문에 어려움을 겪을 것입니다. 여러분이 필요로 하는 것에 다른 사람들이 신경조차 쓰지 않는 것이 차별입니다. 여러분의 길에 불필요한 장벽이 종종 놓여 있고, 많은 기회들을 부당하게 놓칠 것입니다. 심지어 학교에 가지 못할 때도 있습니다. 건물과 공공시설은 여러분을 고려하지 않은 채 지어져 접근이 어려운 경우가 많습니다. 정부는 여러분을 배제하는 정책(복지나 교통 같은 시스템과 관련해 가이드 역할을 하는 것)을 만들 수도 있습니다. 장애가 있는 여성 청소년들은 장애가 없는 여성 청소년들에 비해 신체적·성적 학대를 당하는 경우가 2~3배 많습니다.

빈곤, 계급, 카스트

어느 나라에나 사회 주변부에는 쉴 곳도, 수입도, 먹을 것도 없는 극심한 빈곤 상태로 사는 사람들이 있습니다. 극심한 빈곤 상태의 아동이 2013년에 약 3억 8500만 명에 달했습니다. 이러한 아동들은 교육을 받기 어렵고, 차별을 당하기 쉽습니다. 또한 공정한 출발과 동일한 성장 기회를 갖기 어렵습니다. 만일 여러분이 사는 곳이 전쟁의 영향을 받는 지역이거나 기후와 관련된 재난에 취약하다면 또 다른 어려움이 여러분의 길을 막을 것입니다. 그렇다고 전혀 성공할 수 없는 것은 아닙니다. 하지만 더 많은 어려움에 부딪힐 확률이 높습니다. 정부가 여러분의 권리를 옹호할 의무를 지니고 있는데도 말이죠.

개발 도상국에서, 가장 가난한 20%에 속한 어린이는 5세가 되기 전에 사망할 확률이 가장 부유한 20%에 속한 어린이에 비해 3배 더 높습니다.

권리를 위한 투쟁

행동하기

66 *저에게 머리 스타일을 바꾸라고 하는 것은 제 피부에서 검은색을 지우라고 하는 것과 마찬가지입니다."*

2016년, 13세의 줄라이카 파텔은 프레토리아 고등학교의 인종 차별적이고 성차별적인 두발 정책에 반대해 흑인 학생들과 함께 행진했습니다. 프레토리아 고등학교는 학생들에게 곱슬머리를 곧게 펼 것과, 인종 차별적인 용어를 담은 규칙을 강요했습니다. 남아프리카 공화국에서는 1948년부터 1990년대까지 인종 차별적인 아파르트헤이트법이 일상의 모든 영역을 지배했습니다. 두발 정책은 실수가 아니었던 것이죠. 학교는 아프리카 언어 사용을 금지했고, 흑인 학생들이 4명 이상 모이지 못하게 했습니다. 학생들의 시위는 남아프리카 공화국의 인종 차별이 여전히 심하다는 사실을 잘 보여 주었습니다. 줄라이카와 학생들은 학교가 고용한 경비원들의 해산 요구에 따르지 않았습니다. 경비원들은 총으로 무장하고 개를 데리고 있었습니다. 경비원들은 학생들을 체포하겠다고 위협했고, 대치 상황을 만들었습니다.

학생들은 자신들이 시위를 하는 이유를 알리기 위해 소셜 미디

어를 활용했습니다. '#StopRac
ismAtPretoriaGrilsHigh(#프레
토리아여고인종차별중단)'라
는 해시태그는 15만 번 이상 게
시되었고, 기존의 백인 중심 제
도에 대한 불만을 흑인 학생들
이 공유할 수 있었습니다. 이 시위
를 계기로 다른 학교에서도 비슷한 움직임이 생겨났
습니다. 총리가 학교에 방문했고, 남아프리카 공화국에 주재 중인
미국 대사가 트위터에 이런 글을 올리기도 했습니다. "모든 사회
에는 규칙이 있습니다. 이 규칙들 중 잘못된 점은 드러나고 항의
를 받아야 합니다." 하루 만에 거의 2만 5000건의 온라인 탄원 서
명이 올라왔습니다. 이러한 움직임들이 효과를 발휘해 결국 주교
육부가 두발 정책을 중단시켰습니다.

아파르트헤이트는 1948년부터 1990년대 초까지 남아프리카 공화국에서 지속
된 인종 분리 정책입니다. 이 정책은 소수 인구인 백인들에게 권력을 주었습
니다.

행동하기

> ❝ 여러분 자신의 권리를 잘 모르면,
> 나쁜 사람들이 쉽게 여러분을 이용할 수 있습니다.
> 여러분 자신의 권리를 안다면,
> 여러분은 쉽게 속지 않을 것입니다.❞

아이샤 살레는 나이지리아의 가장 큰 도시인 라고스의 슬럼가에서 할머니, 오빠와 함께 살고 있습니다. 그녀는 5개 언어를 말할 수 있고, 11살 때부터 나이지리아의 아동권리 단체인 시-호프와 함께 교육을 받을 권리와 조혼 반대를 위해 투쟁해 왔습니다.

그녀는 2019년에 스위스 제네바에서 열리는 유엔국제아동 컨퍼런스에 나이지리아를 대표해 참석할 예정이었습니다. 그러나 여권 사무소는 그녀가 가난하다는 이유로 여행 계획을 믿을 수 없다며 여권을 발급해 주지 않았습니다.

1년 후 15살의 아이샤는 **생리 빈곤** 캠페인을 시작하고 생리를 입에 올리는 것을 금기시하는 문화에 도전했습니다. 나이지리아 정부에 그녀처럼 생리대를 마련할 수 없어서 생리 기간 동안 학교에 가지 못하는 여성 청소년들에게 무료 생리대를 지원하라고 촉구했습니다. 아이샤가 드러낸 현실은 바로 빈곤과 정부의 외면이 가난한 여성들을 더욱 취약하게 만든다는 사실이었습니다. 어떤 여성들은 생리대 살 돈을 벌기 위해 성매매를 하고, 또 어떤 여성들은 조혼을 강요받았습니다. 아이샤의 캠페인은 생리에 대한 관심을 높이고 생리에 관한 토론을 가능하게 만들었습니다. 많은 사람이 난민 캠프를 포함해 나이지리아 전역의 여성들에게 나누어 줄 수 있도록 돈과 생리대를 기부했습니다. 아이샤는 특히 가난하고 취약한 지역에 사는 여성들과 학교에 다니는 여성들에게 무료 생리대를 지원하라고 정치인들을 계속 압박했습니다.

행동하기

콜롬비아의 10대 2명이 학교를 고소했습니다. 파블로 엔리큐 토레스 구티에레즈와 호세 프리에토 레스트레포는 교회가 운영하는 학교가 성소수자라는 이유로 자신들을 차별했다고 주장했습니다. 이 소송은 콜롬비아 대법원이 판결했고, 대법원은 1998년, 이들의 손을 들어주었습니다. 그 후 콜롬비아는 성소수자를 보호하기 위한 포괄적인 법체계를 만들었습니다.

그러나 현실에서 이 권리들은 충분히 보장받지 못하고 차별은 계속되고 있습니다. 2019년 조사에 따르면, 라틴 아메리카와 카리브해 지역에 위치한 9개의 나라들 중에서 최근 5년간 성소수자가 가장 많이 살해된 곳이 콜롬비아였습니다.

행동하기

에밀리 왈드론은 영국에 사는 12세 트랜스젠더 여성입니다. 그녀는 줄곧 자신 같은 사람은 자기뿐이라고 생각했습니다. 하지만 '인어들'이라는 자선 단체가 진행하는, 트랜스젠더와 가족을 지지하는 모임에 참여한 후 달라졌습니다. 에밀리는 자신과 같은 처지에 있는 누구도 소외되었다고 느끼지 않도록 자신이 할 수 있는 모  든 것을 하겠다고 결심했습니다. 그녀는 국제앰네스티 모임에 참석해 영국 평등부 소속 공무원들에게 출생증명서의 법적 성별 변경을 허용하는 성별 승인법에 대해 이야기했습니다. 이 과정에서 에밀리는 권리와 평등을 위한 다양한 캠페인 방법이 있다는 사실을 알게 되었고, 여러 캠페인에 참여하고 있습니다.

에밀리는 다음과 같이 말했습니다.

 캠페인은 제가 힘이 있고,
저의 운명을 스스로 결정한다고 느끼게 해 주었습니다.
중학교에 입학하면서 LGBT 연대 모임을 시작했습니다.
친구들에게 알리기 위해 각 학년 모임에서 강의를 했는데
매번 정말 호응이 좋았습니다.
저는 모든 학생이 학교의 일원으로 학교에서 안전하다고
느끼길 바랍니다.
우리 공동체와 제가 당연히 누려야 할 사랑과 평등과 존중을
받을 때까지 캠페인을 계속할 겁니다.
우리들은 모두 인간이고, 우리는 모두 하나의 큰 공동체의
일원이 되어 서로를 지지해야 하기 때문입니다."

행동하기

웨일즈의 에이미, 하이메, 케인, 제이미가 2019년에 차별에 대항해 싸우기 시작했을 때 이들의 나이는 11살에서 14살이었습니다. 여성 청소년들은 추가 학습이 필요했고, 남성 청소년들은 휠체어 이용자들이었습니다. 이들은 종종 언어폭력을 당했습니다. 또한 인도에 주차된 차 같은 걸림돌 때문에 이동이 어려웠습니다. 이들은 경

찰에 **증오 범죄** 기금 지원을 요청해 비디오카메라를 구입했습니다.

이들은 비디오카메라로 강력한 증거들을 모았습니다. 유엔아동 권리협약이 변화를 원하는 이들의 요구를 뒷받침해 주었습니다. 이들이 만든 영상은 웨일즈 의회에서 공개되었습니다. 영상을 본 지방 의원들과 정책 결정권자들은 지원을 약속했고, 이들은 변화를 위한 실천 계획을 세웠습니다. 이 영상에서 이들은 다음과 같이 말했습니다.

> 💬 우리는 단지 지역 사회의 다른 모든 사람들과
> 똑같은 권리를 원할 뿐입니다."

행동하기

키르기스스탄의 우케이 무라탈리바는 장애인 권리 활동가이자 유명한 패션 디자이너입니다. 어린 시절 우케이는 어린이집에 다닐 수 없었습니다. 어린이집이 장애가 있는 아동을 고려하여 설계되지 않아 안전하지 않다는 이유로 그녀를 받아 주지 않았기 때문입니다.

66 저는 뇌병변장애를
지닌 채 태어났습니다.
어렸을 때 집에 갇혀 있었던 기억이 납니다.
아버지는 제가 아주 어릴 때 돌아가셨고
어머니는 혼자서 오빠들과 저를 키우셔야 했습니다.
오빠들은 학교에 가고 어머니는 출근을 하셔야 해서
저는 매일 집에 혼자 있었습니다.
어린 시절의 대부분 저는 외로웠고
혼자라고 느꼈습니다."

우케이의 등교를 위해 어머니는 우케이에게 일어나는 어떤 사고에도 학교는 책임이 없다고 쓰인 서류에 서명해야 했습니다. 단 한 분의 여자 선생님만이 우케이를 자신의 학급에 받아 주었습니다.

우케이는 더 많은 장벽을 마주해야 했습니다. 그중에는 장애인을 고려하지 않은 국가 고시도 있었습니다. 하지만 결국 그녀는 대학에 입학해 패션 디자인을 전공했고 성공적인 경력을 만들어 나갔습니다.

2019년 키르기스스탄 정부가 유엔장애인권리협약을 비준함으로써 그녀와 캠페인 참여자들은 커다란 성과를 거두었습니다. 현재 그녀는 장애가 있는 여성들의 권리를 증진하는 시민 단체인 나직 키즈의 이사장으로 활동하고 있습니다.

참여

여러분은 사법 절차를 포함하여, 자신에게 영향을 미치는 모든 결정에 참여하고 의견을 표현할 권리가 있습니다. 여러분은 관련 정보에 접근할 권리를 지닙니다.

12조.

무슨 뜻인가요?

이것은 기본 원칙에 근거한 아동권리협약의 핵심 내용입니다. (35쪽 참조.)

의견을 표현하고 참여할 권리를 지닌다는 것은 여러분에게 영향을 미치는 모든 결정을 할 때 여러분의 의견이 경청되고 진지하게 고려되어야 한다는 뜻입니다. 참여는 여러분 개인을 성장시키기도 하지만 더 큰 의미를 지닙니다. 어떤 현상이나 문제에 대한 여러분의 의견은 모든 사람이 더 좋은 결정을 하도록 돕습니다. 따라서 사회도 더 발달하지요. 참여권은 여러분의 진화하는 능력과 밀접한 연관이 있습니다.(34쪽 참조.) 참여권은 여러분에게 가장 적절할 방식으로 적용될 것입니다. 예를 들어 어린이의 참여는 주로 가족이나 주위 환경에 관한 문제에 제한될 것입니다. 그러나 점차 성장하고 발달할수록 여러분은 지역, 전국, 세계에 걸친 모든 문제에 참여할 수 있을 것입니다.

학교에서 받는 교육과 학교가 운영되는 방식에 대해서도 여러분의 의견을 말할 수 있어야 합니다. 복지 시설에 있다면, 시설에서 여러분과 관련된 결정을 할 때마다 여러분도 참여해야 합니다. 병원에 가야 한다면, 의사와 간호사는 여러분에게 정보를 제공해야 하고, 여러분의 이야기를 경청하고 여러분의 의견을 존중해야 합니다.

아동권리위원회는, 모든 법적 절차를 진행할 때 어른들은 어린이가 스스로 생각하고 판단할 능력이 있다는 사실을 인지해야 하고, 아동이 자신을 증명할 필요가 없다고 말합니다. 설령 언어로 표현하지 못하더라도 어린이에게 사고력과 판단력이 있다고 여깁니다. 따라서 법원은 어린이가 자신만의 방식으로 이해와 선호를 표현할 수 있도록 비언어적인 의사 표현을 고려해야 합니다.(표정, 놀이, 그림 등)

정부는 다양한 방법으로 협약의 조항을 모든 사람에게 알릴 법적 의무가 있습니다. 이는 여러분에게 여러분의 생각을 전달할 권리가 있다는 사실을 여러분과 법원 모두 알고 있어야 한다는 의미입니다. 만일 그렇지 않다면 여러분은 법원에 법적 의무를 알리거나 상기시킬 권리가 있습니다.

현실은 어떤가요?

의사를 표현할 권리는 변화를 만들어 내는 데 중요합니다. 그런데 이 권리를 지키는 것은 쉽지 않습니다. 여러분의 목소리에 귀를 기울이고 여러분의 생각에 수용적인 태도를 지녀야 함에도 불구하고, 우리 사회는 아동을 어른과 동등하게 간주하지 않는 경향이 있기 때문입니다. 사람들은 여러분을 과소평가할지도 모릅니다. 여러분이 소수자 집단에 속한다면, 여성이거나 장애를 가졌다면 의사를 표현하는 데 더 많은 어려움을 겪을 것입니다. 하지만 어린이와 청소년이 목소리를 높이고, 참여하고, 우리 사회가 이를 진지하게 받아들이는 것은 모두에게 도움이 됩니다. 여러분은 할 수 있습니다.

지방이든 중앙이든 모든 예산은 어린이와 청소년에게 큰 영향을 미칩니다. 일부 지방 정부에서는 예산 편성 과정에 아동의 참여를 독려합니다. 예를 들어 브라질 포르투알레 지방 의회에서는 수년 동안 아동이 지방과 중앙의 예산 편성에 참여했습니다. 2003년에는 지방 예산에 33개의 수정안을 제출했고, 그중 3개가 2004년 예산에 반영되었습니다.

'아동권리 영향 평가'를 시행하는 정부도 있습니다. 이는 아동과 관련된 법률, 정책, 예산 등이 아동에게 미칠 영향을 분석하는 강력한 도구입니다. 이 제도는 어른들이 독점한 결정 과정에 어린이와 청소년이 목소리를 낼 수 있도록 하고 여러분의 최상의 이익을 위해 기능합니다. 이 제도는 잠재적인 해악을 예방하고, 예산이 잘못 책정되는 실수가 일어날 위험을 최소화합니다. 이 제도는 정부의 모든 절차, 특히 새로운 정책과 법률 개발의 초기 단계에 적용될 수 있습니다.

> 인도는 지역의 아동 의회 연합체인 전국아동의회를 만들었습니다. 여기 속한 어린이와 청소년은 자신들의 삶에 영향을 미치는 문제에 관해 지역, 주, 전국에서, 나아가 국제 포럼에서 연설합니다. 의회는 아동을 위해 그리고 아동에 의해 운영되고 있습니다.

권리를 위한 투쟁

행동하기

66 사회 활동을 하면서 사람들이 제 말에 귀를 기울이게 하는 방법을 배웠습니다. 예전에는 회의에서 조용히 앉아 있곤 했지만 이제 저는 지역뿐 아니라 전국 단위의 회의에서도 의견을 말합니다."

샬롯 도날드슨은 스코틀랜드 집시 여행자 중 한 사람입니다. 그녀는 스코틀랜드 정부를 위해 소수자 집단 차별 근절 방안에 대한 자문을 맡는 등 평등을 위해 투쟁하고 있습니다.

그녀는 16살 때 스코틀랜드 집시 여행자 모임의 창립자 중 한 사람의 자격으로 스코틀랜드

정부 관계자들을 만났습니다. 2019년에는 스코틀랜드 인권위원회 보고서에 도움을 주었고, 지역 박물관이 집시의 유물을 발굴하고 기리는 작업을 함께했습니다. 그녀는 스코틀랜드 청년의회가 전국 단위에서 집시를 대변해야 한다고 촉구했습니다. 2020년, 샬롯은 오빠 데이비와 함께 반인종주의 캠페인을 진행한 공로를 인정받아 젊은스코틀랜드인상을 받았습니다.

그녀는 다음과 같이 말했습니다.

> **"** 이 나라에서 집시가 똑같은 권리를 지니기까지 아직도 갈 길이 멉니다. 저는 낙인에 저항하고, 저의 공동체를 보호하고 지지하는 데 힘을 보탤 것입니다."

신분

아동은 출생 후 즉시 등록되어야 하며, 이름과 국적을 가져야 합니다. 이것이 불법적으로 변경되지 않도록 보존 및 보호되어야 합니다.

7조, 8조.

무슨 뜻인가요?

이 권리는 교육, 건강, 이동의 자유, 정치적 참여 같은 다른 많은 권리로 향하는 문을 열어 줍니다. 출생 신고는 여러분에게 법적 신분을 부여합니다. 물론 여러분은 인간이기 때문에 출생 신고와 무관하게 협약에 있는 모든 권리를 지닙니다. 하지만 법적 신분은 여러분의 존재에 대한 증명입니다. 여러분이 태어난 나라의 정부는 이 증명을 통해 여러분의 존재를 공식적으로 인지하고 태어난 순간부터 여러분의 권리를 존중하기 위해 노력합니다. 이는 사회가 여러분을 배제하지 않고 포용한다는 의미입니다.

현실은 어떤가요?

출생 신고를 하지 않으면 존재에 대한 증명이 없습니다. 출생 신고 없이 국적을 갖기란 거의 불가능합니다. 어떤 정부도 여러분을 시민으로 받아 주지 않아 '무국적' 상태가 될 것입니다.

법의 눈에 보이지 않으면 권리를 주장하기가 매우 어렵습니다. 등교, 대학 등록, 여권 발급, 은행 계좌 개설, 해외여행, 병원 진료, 수당 신청, 운전면허 취득, 자동차 소유 등 일상에서 신분 증명을 요구하는 모든 활동에 제약을 받을 것입니다. 절대 투표를 할 수 없고, 일을 하거나 결혼을 하기도 어려울 것입니다.

> 영국에는 시민권이 없거나 영국에서 살아도 된다는 법적 허가를 받지 못한 아동이 약 12만 명에 달합니다. 이들 중 절반 이상이 영국에서 태어났습니다. 1981년 제정된 영국 국적법에 따라 많은 아동이 영국 시민으로 등록할 권리를 부여받았습니다. 하지만 등록비가 너무 비싼 탓에 등록비를 낼 수 없는 사람이 많습니다. 이로 인해 아동들은 다른 권리도 보장받지 못하고 최상의 이익도 무시되고 있습니다.

만일 여러분이 법적 신분을 지니지 않는다면 큰 위험에 처하게 됩니다. 나라나 주가 인신매매, 노예, **강제 노동**, 아동 성매매 등으로부터 여러분을 보호하는 데 소홀할 것입니다. 여러분은 나라나

주의 보호가 아니라 자신과 가족(만약 있다면)과 타인의 친절에 더 의존해야 할 것입니다. 하지만 이는 안전하지도 않고 공정하지도 않습니다. 그리고 안타깝게도 종종 충분하지 못합니다.

이 문제의 특성 때문에 믿을 만한 자료가 없어서 미등록 아동의 정확한 수치를 추산하기 어렵습니다만, 전 세계에 등록되지 않은 채 살고 있는 아동이 약 2억 9000만 명으로 추청됩니다. 5세 이하 아동의 거의 절반(45%)이 미등록 상태입니다.

이 문제는 어른이 되어도 사라지지 않습니다. 어른들을 포함해 전 세계 약 10억 명의 사람들이 자신이 누구인지를 증명하지 못해 기본적인 서비스에 접근하는 데 어려움을 겪습니다. 만일 여러분이 가난한 나라에 사는 여성이라면 법적 신분을 지닐 가능성은 절반에 불과합니다.

출생 등록을 포함해 2030년까지 모든 사람이 법적 신분을 갖는 것이 유엔의 지속가능발전목표 중의 하나입니다. 그러나 권리와 서비스에 대한 접근이 법적 신분에 달려 있는 것은 부당합니다.

유엔의 전 지구적 **지속가능발전목표(SDGs)**는 모든 사람들을 위해 더 지속 가능하고 더 나은 미래를 2030년까지 달성하기 위한 계획입니다. 이는 빈곤, 불평등, 기후 변화, 환경 파괴, 평화, 정의를 비롯해 전 지구적인 도전을 다루고 있습니다.

출생 등록이 되지 않는 이유에는 여러 가지가 있습니다. 대부분의 정부는 등록의 중요성을 알려 주지 않습니다. 그래서 자녀의 미래를 위해 출생 신고가 매우 중요하다는 사실을 잘 모르는 부모가 많습니다.

비싼 등록비도 부담이 됩니다. 출생 등기소의 부족한 장비도 등록 과정을 어렵게 만듭니다. 어떤 사람들은 여러분의 성별이나 민족에 따라 여러분을 덜 중요하게 대할 것입니다. 이주민인 부모는 정부가 자신들을 어떻게 대할지 두려워할 것입니다. 신분을 증명할 법적 서류 없이 자신의 나라를 떠날 수밖에 없어서 국적 없는 난민 아동이 되기도 합니다. 난민 캠프에서 태어나 국적을 얻기 어려운 경우도 있고, 미등록 이주 가족의 일원도 있습니다.

여성이 자신의 국적을 자녀에게 물려주지 못하게 하는 법이 있는 나라가 27개에 달합니다. 특정 민족에게 시민권을 부여하지 않는 나라도 있습니다.

중국은 인구를 제한하기 위해 30년 넘게 시행해 온 '한 자녀 정책'을 2016년에 완화했습니다. 그러나 둘째 이상의 자녀의 출생 등록비가 높아 부담하기 어려운 가정이 많습니다. 이로 인해 1300만 명의 '보이지 않는 아동'이 생겨났습니다. 부모들은 등록비를 내지 않았다는 이유로 처벌받을까 봐 이 자녀들을 숨기고 있습니다.

권리를 위한 투쟁

행동하기

프란시아 사이먼의 부모님은 프란시아가 태어나기 오래전에 빈곤과 폭력을 피해 아이티를 떠났습니다. 그들은 다른 난민들과 함께 이웃 나라인 도미니카 공화국에서 살았습니다. 프란시아가 태어나고 자란 마을은 매우 가난했고, 그녀의 가족은 아이티에서 이주한 다른 많은 사람들처럼 공식적인 신분이 없었습니다.

프란시아는 출생증명서가 없었습니다. 초등학교에 입학할 나이가 됐을 때 그녀는 학교에 등록할 수 없다는 사실을 알게 되었습니다. 아버지는 도미니카인이기도 했지만 프란시아가 9살 때 떠났고, 어머니는 아이티 국적이었기에 부모 중 누구도 그녀의 등록에 도움이 되지 못했습니다. 다행히도 도미니카 국적의 고모가 학교 등록을 해 주었습니다. 프란시아는 출생증명서를 받았고 공부를 계속할 수 있었습니다.

이후로 프란시아는 주위 사람들의 상황을 개선하기 위해 싸웠습니다. 집집마다 돌아다니며 그들의 권리를 이야기했습니다. 복잡한 등록 절차를 안내하고, 등기소에 동행하여 900명의 아동이 출생증명서를 받고 학교에 다닐 수 있도록 도왔습니다.

66 제가 나이도 어리고 몸집도 작아서 그들은 저 치키타(꼬마 여자애)를 내쫓을 수 있다고 생각했을 거예요. 하지만 저는 겁먹지 않았어요. 저는 심각하고 거의 화난 표정으로 그들에게 약속을 요구했습니다."

2010년, 16세의 프란시아는 국제아동평화상을 수상했습니다.

안전한 공간

부모와의 분리가 여러분에게 최상의 이익이 아닌 이상, 여러분의 의사에 반하여 부모와 떨어지게 해서는 안 됩니다. 모든 아동은 특별한 돌봄과 보호를 받을 권리가 있습니다. 따라서 정부는 가족과 함께 살 수 없거나 가족의 돌봄을 받을 수 없는 아동들에게 안전하고 대안적인 돌봄을 제공해야 합니다. 정부는 아동이 입양 가정이나 위탁 가정에서 잘 지내고 있는지 확인해야 합니다. 입양 가정이나 위탁 가정은 아동의 문화, 언어, 종교를 존중해야 하고 이러한 상황을 정기적으로 점검받아야 합니다. 난민이거나 거리에서 생활하거나 인신매매됐거나 유괴됐거나 해외 이송된 아동에게도 똑같은 원칙이 적용됩니다. 만일 여러분이 부모와 분리됐다면 정부는 여러분과 부모가 다시 만날 수 있도록 도와야 합니다.

9, 10, 11, 20, 21, 22, 25, 35조.

무슨 뜻인가요?

모든 아동은 자신들의 필요가 충족되는 집을 가질 권리가 있습니다. 이러한 집은 건강한 유년 시절과 더 나은 삶의 기회를 주기 때문입니다. 안전하고 안정적인 집은 보건과 교육을 비롯한 여러 권리를 누릴 수 있도록 도와줍니다. 만일 집이 없거나 빈민가, 난민 캠프, 거리, 시설에 살고 있다면 여러분은 위험과 학대에 더 취약할 수 있습니다. 이는 여러분이 모든 권리를 누리고, 성장하고 발달하는 것을 어렵게 합니다.

'노숙인' '난민' '이주민' '시설 거주'는 임시적이고 불완전한 명명입니다. 이 명명은 결코 여러분이 누구인지, 여러분의 이야기, 성격, 역량, 지식을 나타내지 못합니다.

현실은 어떤가요?

난민과 이주민

이주민과 난민에 대한 차별은 종종 인종주의와 **제노포비아**에 근거합니다. 이것은 사회 또는 경제 문제에 대한 희생양을 의도적으로 찾는 일부 정치인에 의해 부추겨집니다. 혐오의 언어가 자주 반복되고 인터넷이나 주류 언론에 의해 확산되면 인권 침해, 심지어는 폭력으로까지 귀결될 수 있습니다.

난민은 주로 전쟁, 분쟁, 박해로 인해 자신이 태어난 나라를 어쩔 수 없이 떠난 사람들입니다. 대홍수 같은 기후 변화로 인해 고향을 떠나 난민이 되기도 합니다. 고향의 상황이 너무 위험하기 때문에 짧은 기간 내에 돌아가기는 불가능합니다. 만일 이런 일이 생긴다면, 여러분은 다른 나라에 망명할 수 있는 보편적인 인권을 지닙니다. 2020년, 전 세계적으로 난민 아동이 최소 1000만 명에 달했습니다.

국내 실향민은 폭력이나 분쟁으로 인해 고향에서 강제로 쫓겨났지만 자신의 나라에 계속 살고 있는 사람들입니다. 2019년에 전 세계 국내 실향 아동은 최소 1700만 명에 달했습니다.

많은 사람이 난민과 달리 **이주민**은 자신이 '선택'하여 고향을 떠났고 언제든지 돌아갈 수 있다고 생각합니다. 하지만 현실은 다릅니다. 대다수가 고향에서 살아남을 희망이 없기 때문에 위험한 여행을 시작합니다. 극단적인 빈곤과 굶주림, 보건·교육·직장의 부족, 기후 위기, 범죄 위험, 범죄 조직과 연관된 폭력, 착취, 납치, 군대 강제 징집 등 다양한 이유가 있습니다. 여성들은 가정 폭력, 성적 학대와 성폭행으로부터 탈출했을 가능성이 높습니다.

여러분이 가족과 분리된 난민 아동이거나 이주 아동이라면, 여러분은 특히나 인신매매를 비롯한 다른 위험에 취약할 것입니다. 따라서 여러분은 별도의 보호를 받을 권리를 지닙니다.

거리에서 생활하는 아동

수백만 명의 아동들이 생존을 위해 거리에서 살거나 일을 해야 합니다. 빈곤, 부모나 보호자와의 관계 단절, 신체적 또는 성적 학대, 정신 건강 문제 또는 약물 남용 등 각자 나름의 이유가 있습니다. 이런 경우 자신을 스스로 돌봐야 하고 어른에게 부여된 책임도 져야 합니다. 거리에서 지내면 다양한 형태의 폭력, 착취, 학대에 더 취약해집니다.

시설 거주 아동

여러분의 안녕과 안전을 위해 반드시 필요할 때에만 대안 양육이나 시설 보호를 받을 수 있습니다. 부모님이 여러분을 돌볼 수 없는 데에는 복잡한 이유들이 있을 것입니다. 정신 건강 문제, 약물 남용 및 중독, 방임, 신체적 학대, 정부 지원의 부족 등이 이유가 될 수 있지요.

최소 270만 명의 아동이 시설에 살고 있는 것으로 알려져 있습니다. 하지만 모든 나라가 정확한 자료를 갖고 있는 것은 아니기 때문에 실제 숫자는 훨씬 많을 것으로 추정됩니다.

권리를 위한 투쟁

행동하기

'글래스고 걸즈'는 학교 친구가 추방되는 것을 막기 위해 유명한 캠페인을 진행하고 법을 바꾼 여성 청소년들의 모임입니다. 2005년, 15세였던 아그네사 무르셀라이와 그녀의 어머니는 글래스고 지역의 코소보 로마족 난민이었습니다. 두 사람은 집에서 새벽 기습 단속을 당해 붙잡혔습니다. 그들은 구금되었고 추방될 것이라는 말을 들었습니다.

드럼채플 고등학교에 다니던 아그네사의 친구 6명은 이 소식을 듣고 분노했고, 추방 절차를 멈추라는 내용의 청원을 준비했습니다. 이것은 새벽 기습 단속과 소수자 감금을 중지하라는 내용의 본

격적인 캠페인으로 전개되었고, 이들은 스코틀랜드 의회에 청원을 제출했습니다. 이들은 그 과정 동안 큰 지지를 받았고, 올해의 스코틀랜드캠페인상을 받았습니다. 그들은 아그네사의 추방을 막는 데 성공했습니다. 그들의 승리는 5년 후 영국 중앙 정부가 기습 단속과 아동의 구치소 구금을 중단하는 것으로 완성되었습니다.

행동하기

바락나마는 '아동의 목소리'라는 뜻입니다. 이는 2002년 인도에서 만들어진 신문으로, 거리에서 살아 본 경험이 있는 어린이와 청소년들이 글을 쓰고 편집하고 배포합니다. 이들의 평균 나이는 14세입니다. 새로 합류하는 기자들은 경력 기자들에게 교육을 받습니다. 이들의 목표는 거리에 사는 아동들에 대한 사람들의 인식을 바꾸는 것입니다. 신문을 통해 신분, 존엄, 의견에 대한 자신들의 권리를 주장합니다. 이 8쪽짜리 신문은 거리에 사는 아동들의 희망과 긍정적인 변화뿐 아니라 성적 학대, 아동 노동, 경찰의 가혹 행위 등 이들이 직면한 문제들도 파헤칩니다.

바락나마의 성과 중 하나는 거리의 아동들이 철도에서 시체를 꺼내는 일을 강요당하고 있다는 사실을 보도한 것입니다. 대중은 분노했고 국가 아동권리 보호 위원회가 경찰에 징계 처분을 내리는 성과를 낳았습니다.

위험으로부터의 보호

여러분은 고문, 잔인하고 비인간적이며 모욕적인 대우,
정신적·감정적·신체적 학대, 위험한 노동, 강제 노동, 약물
남용을 비롯해 모든 형태의 착취로부터 보호받을 권리가 있
습니다. 정부는 여러분을 납치, 판매, 인신매매로부터 보호
해야 합니다. 여러분은 이러한 학대로부터 회복될 수 있도
록 도움을 받을 권리를 지닙니다.

19, 32, 33, 35, 36, 37조.

무슨 뜻인가요?

이 권리는 여러분이 다치거나 다른 사람에게 착취당하는 것으
로부터 여러분을 보호해 줍니다. 이는 고문, 강제 노동, 아동 노예
제가 결코 허용될 수 없다는 의미입니다. 어느 누구도 다른 사람을
소유하고, 판매하고, 착취하고, 고문할 권리는 없습니다.

현실은 어떤가요?

고문

고문은 권력을 지닌 사람이 특정한 목적을 위해 누군가에게 심각한 정신적 또는 신체적 고통을 가하는 것입니다. 전 세계적으로 많은 정부가 고문 행위를 합니다. 고문이 불법이며 믿을 수 없는 것으로 악명이 높음에도 불구하고 자백이나 정보를 얻기 위해 고문을 하지요. 또한 고문은 사람들에게 공포를 퍼뜨리기 위한 처벌로 이용되기도 합니다. 만일 정부가 고문 혐의를 조사하지 않거나 심지어 고문을 적극적으로 장려한다면 정부도 공범입니다.

고문까지는 아니더라도 잔인하고 모욕적이고 비인간적인 대우나 처벌도 있습니다. 이러한 행위도 모든 상황에서 금지됩니다. 여러분이 아주 힘든 상황에 놓여 있는데 안식처, 건강, 적절한 삶의 수준 등 생존하는 데 필요한 권리들을 빼앗는 것은 잔인하고 모욕적이며 비인간적인 대우라고 할 수 있습니다.

아동 노동

어린이와 청소년이 할 수 있는 노동의 종류는 많습니다. 교육, 놀이, 발달과 관련된 권리를 침해하지 않는다면 노동의 세계를 경험해 보는 것은 좋을 수 있습니다. 때로 여러분은 가족의 생계를 도와야 할 수도 있습니다. 하지만 휴식 없이 긴 시간 일하거나, 열악한 노동 환경에서 위험하고 해로운 일을 해서는 안 됩니다.

5~17세 아동 약 1억 5200만 명이 노동을 하고 있습니다. 이 중 3분의 1이 학교에 가지 않아서 교육을 받지 못합니다. 어떤 일은 위험할 수 있습니다.(예를 들어 일을 하다가 독성 물질에 노출되기도 합니다.) 아프리카(7210만 명), 아시아와 태평양(6200만 명), 아메리카(1070만 명), 유럽과 중앙아시아(550만 명), 아랍 국가(120만 명) 순으로 아동 노동이 많이 이루어지고 있습니다. 일주일에 43시간 이상 일하는 아동도 많습니다. 인종, 젠더, 종교, 계급이나 카스트에 기반한 차별이 착취를 더 악화하기도 합니다.

> 세계에서 가장 큰 기업들 중 일부는 인도네시아산 팜 오일이 포함된 음식, 화장품 등 여러 상품을 판매합니다. 팜 오일 농장은 8살 정도밖에 안 된 어린이들을 동원합니다. 어린이들은 독성이 있는 제초제가 사용된 위험한 환경에서 안전 장비 없이 일합니다. 이것은 건강과 학교생활에 심각한 해를 입힐 수 있는 힘들고 위험한 일입니다.
>
> 2016년에 한 남자 어린이는 아버지를 돕기 위해 학교를 그만두고 8살 때부터 2년 동안 새벽 6시에 일어났다고 앰네스티에 말했습니다. 그는 하루에 6시간, 일주일에 6일 동안 팜 열매를 따고 운반해야 했습니다. 앰네스티의 문제 제기 후 그 기업은 아동권리를 보호하고 아동 노동을 막기 위한 조치를 취하겠다고 밝혔습니다.
>
> 콩고 민주 공화국에서는 수천 명의 아동이 코발트 탄광에서 일합니

다. 코발트는 핸드폰, 노트북 컴퓨터, 휴대용 전자 장비에 사용됩니다. 광부들은 단순한 공구를 사용해서 땅속 깊은 터널에서 광물을 손으로 캐내는데 사고가 자주 발생합니다. 코발트는 독성이 있어서 오랫동안 노출되면 치명적일 수 있지만, 보호 장비는 거의 없습니다. 9살 때부터 11살 때까지 탄광에서 일한 아서는 다음과 같이 설명했습니다. "음식과 옷을 살 돈이 부족해 탄광에서 일했어요. 아빠는 직업이 없었고 엄마는 숯을 팔아 생계를 꾸렸어요."

강제 노동과 노예제

강제 노동은 처벌과 불이익의 협박을 받으면서 원하지 않는 노동을 하는 것입니다. 협박 때문에 강제 노동은 벗어나기 어렵습니다. 전 세계적으로 강제 노동을 하는 아동이 약 550만 명에 달합니다. 강제 노동은 모든 나라에서 행해지고 있는데 특히 건설, 농업, 어업, 가사 노동, 광업, 성매매 등에서 많이 일어납니다. 많은 아동이 불법 약물을 만들고 운반하는 데 이용됩니다. 아동이 강제 노동을 하는 이유는 대체로 가족이 빚을 지고 있고, 빚을 조금이라도 갚는 데 수년이 걸리기 때문입니다. 이를 **채무 노동**이라고 합니다. 강제 노동과 채무 노동은 모두 일종의 아동 노예제입니다.

성적 착취, 강제 결혼, 청소나 요리, 육아 등을 하는 가사 노동, 공장과 농장에서의 강제 노동, 구걸이나 절도 등의 범법 행위를 강요당하는 것, 마약 농장에서 일하거나 불법 약물 운반에 동원되는 것 등이 **아동 노예제**에 포함됩니다.(신체의 온전성 참조, 102쪽.) 전 세계적으로 약 1000만 명의 아동 노예가 있습니다.

아동 **인신매매**는 아동 노예가 돈에 의해 이동되는 것을 말하는데 보통 같은 나라 안에서 이루어집니다. 노동 착취와 성 착취를 위한 인신매매 피해자의 3분의 1이 아동입니다. 남자아이들도 여자아이들만큼 인신매매를 당합니다. 법적 신분이 없거나 정착해 살 곳이 없는 아동이 가장 취약하지만, 인신매매는 누구에게나 일어날 수 있습니다. 인신매매범은 친구나 가족처럼 여러분이 아는 사람들인 경우도 있습니다. 이것은 큰 사업입니다. 인신매매범들은 매년 1500억 달러를 벌어들입니다. 인신매매는 아동권리의 심각한 침해이며 생존자의 몸과 마음 건강에 평생에 걸쳐 영향을 미칩니다.

미국 노동부는 '스웨트 앤드 토일'이라는 앱을 개발해 전 세계의 아동 노동과 강제 노동을 기록하고 있습니다. 앱 이용자들은 관련 자료를 찾아볼 수 있고, 아동 노동이나 강제 노동에 의해 생산된 상품들을 알 수 있습니다. 이러한 정보는 이용자들이 윤리적인 소비를 할 수 있도록 도와줍니다. 또한 착취를 통해 만들어지는 상품의 구매를 줄입니다.

권리를 위한 투쟁

행동하기

이크발 마시는 겨우 5살 때 '채무 노예'가 된 파키스탄 어린이입니다. 그의 가족은 카펫 공장 사장에게 돈을 빌렸고 이크발이 끔찍한 환경에서 오랫동안 일하며 돈을 갚아야 했습니다. 그는 종종 폭행을 당했습니다.

이크발은 10살 때 탈출해서 노예노동해방전선(BLLF)이 노예였던 아동들을 위해 운영하는 학교에 들어갔습니다. 인권에 대한 이해가 깊어지면서 그는 아동 착취에 반대하는 인권 활동가가 되었습니다. 이크발은 위험을 무릅쓰고 공장으로 숨어들어 아동들과 이야기를 나누었습니다. 노예노동해방전선은 그가 파키스탄 전역을 돌며 기업과 행사에서 연설하도록 도왔습니다. 이크발은 노예 노동자들에게 탈출하라는 용기를 주었습니다. 대중 인지도가 올라가자 이크발은 지역을 지배하는 조직화된 기업 마피아들로부터 여러 차례 살해 위협을 당했습니다. 이에 이크발은 아동 노예 노동의 실상을 알리고 그들의 자유를 위한 도움을 호소하기 위해 외국을 방문하기 시작했습니다. 1994년, 그는 인권상을 받았습니다.

안타깝게도 이크발은 겨우 12세였던 1995년에 살해당했습니다. 살인자는 처벌조차 받지 않았습니다. 사망 후 그는 세계어린이상을 받았습니다. 이크발은 강력한 유산을 남겼습니다. 미국 의회는 그를 기리기 위해 2009년에 '아동 노동 폐지를 위한 이크발마시 상'을 제정하여 매년 수여하고 있습니다.

행동하기

2005년, 나이지리아에서 16세의 모세 아카툭바는 중학교 시험 결과를 기다리던 중에 나이지리아 군대의 총에 손을 맞고 구타를 당한 뒤 체포되었습니다. 무장을 하고 이웃집에 침입해 세 대의 핸드폰을 훔쳤다는 혐의였습니다. 그는 혐의를 부인했지만 심한 고문을 당했고 거짓 자백에 서명하도록 강요받았습니다.

8년을 감옥에서 복역한 후 그는 교수형을 선고받았습니다. 이 선고는 두 가지 이유에서 불법이었습니다. 첫째, 그 범죄 사건이 일어났을 당시 그는 아동이었습니다. 둘째, 고문으로 인한 '자백'은 법정에서 증거로 인정받지 못하기 때문입니다.

수감 기간 동안 모세는 수감자들로 구성된 축구단에서 그들이 희망을 잃지 않도록 지도했습니다. 사형수로 수감 중이던 모세는 앰네스티 편지 쓰기 캠페인의 사례자로 선정되어 전 세계에서 80만 통의 연대 편지와 카드를 받았습니다. 많은 청소년을 포함한 활동가들이 자신의 나라에 있는 나이지리아 대사관 앞에서 그를 위한 시위를 진행했습니다. 사형 선고를 감형하고 고문에 대해 공개 조사를 실시하라고 나이지리아 정부에 촉구했습니다.

압박은 성과가 있었습니다. 모세는 2019년에 석방되었습니다.

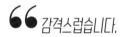 감격스럽습니다.
저를 이 상황의 승리자로 만들어 주신
국제앰네스티와 활동가들의 지원에 감사드립니다.
그들은 저의 영웅입니다.
그들이 나에게 보여 준 위대한 노력이
헛되지 않을 것이라고 장담합니다.
저는 인권 활동가가 되어 다른 사람들을 위해
싸울 것을 약속드립니다."

신체의 온전성

여러분은 성적 학대, 인신매매, 여성 할례, 강제 조혼으로부터 보호받을 권리가 있습니다. 또한 여러분의 회복을 돕기 위한 지원을 받을 권리가 있습니다. 여러분은 정보를 토대로 여러분의 몸, 건강, 삶에 대한 결정을 내릴 권리가 있습니다.

11, 19, 34, 37, 39조, 제2선택의정서.

무슨 의미인가요?

여러분의 몸은 여러분의 것입니다. 누구도 여러분의 **동의** 없이 여러분의 몸에 무언가를 할 수 없습니다. 여러분은 강간, 여성 할례, 강제 임신, 강제 임신 중지, 강제 불임 등 모든 형태의 성폭력으로부터 보호받을 권리를 지닙니다. 이러한 학대의 대부분은 젠더 불평등에 기인하고, 젠더 불평등이 계속 이어지게 합니다. 이는 모두 금지되어 있습니다.

여러분은 또한 성적 권리와 재생산 권리를 지니고 있습니다. 여러분의 몸, 성적 건강, 관계에 관한 정확한 정보를 제공받을 권리가 있습니다. 이를 통해 여러분은 정보에 기반한 결정을 할 수 있습니다. 여러분이 사는 주 또는 나라가 정한 성적 동의 연령에 따라 여러분은 성적 **주체성**을 부여받습니다. 이는 성관계에 동의하거나 거부할 권리, 결정을 존중받을 권리를 포함합니다. 여러분의 성적 지향은 다른 사람이 아닌 여러분이 결정해야 합니다. 여러분은 피임, HIV 등 성관계를 매개로 감염될 수 있는 질병의 검사와 치료를 포함한 보건 서비스를 받을 수 있어야 합니다. 여러분은 두려움, 폭력, 차별 없이 이러한 결정을 할 권리를 지닙니다.

39조는 여러분이 권리 침해로부터 회복할 권리를 지닌다고 말합니다. 이는 여러분이 회복에 도움이 되는 지원을 받을 권리를 지닌다는 의미이기도 합니다.

성적 동의 연령은 나라마다 다양하지만 대부분의 나라에서 16세 또는 18세 미만 아동과의 성관계를 금지하고 있습니다. 아마 전 세계에서 가장 낮은 성적 동의 연령은 나이지리아의 11세일 것입니다. 그러나 나이지리아 내에서도 주마다 성적 동의 연령은 달라서 어떤 주에서는 18세입니다. 법이 정하는 연령은 젠더와 섹슈얼리티에 따라 다양할 수 있습니다.

현실은 어떤가요?

성적 동의 연령보다 어린 나이에 성관계를 한 청소년들을 엄격하게 처벌하는 나라도 있습니다. 예를 들어 요르단의 형법은 18세 미만과 성관계를 한 모든 사람을 처벌합니다. 혼외 성관계 혐의를 받는 12~18세 여성 청소년들은 '재활 센터'라고 불리는 곳에 수감됩니다. 이 재활 센터 중의 하나인 알-칸자 청소년 시설에 수감된 많은 이들은 성폭행과 성적 학대에서 살아남은 생존자입니다. 임신한 여성들은 안전한 임신 중지 수술을 받기 위해 고군분투해야 하고, 출산한 여성들은 아이를 강제로 빼앗기기도 합니다. 여성 청소년들은 이른바 '처녀성 검사'라고 불리는 모욕적인 검사도 받습니다. 이는 국제법 위반으로 명백한 인권 위반입니다.

성폭력으로부터의 보호

세계보건기구는 매년 1억 5000만 명의 여자아이와 7300만 명의 남자아이가 성폭력을 당한다고 추정합니다. 전 세계에서 약 1000만 명의 아동이 성 착취를 당하고 있습니다. 하지만 낙인과 모욕 때문에 대부분 이에 대해 말하기 두려워합니다. 많은 이들이 자신이 비난받을 것을 걱정합니다. 범죄자들은 아동을 성적 노예로 인신매매하여 엄청난 이익을 얻습니다.

여성들은 특히나 극심한 고통을 당합니다. 전 세계적으로 매년

1400만 명 이상의 10대 여성이 출산을 합니다. 대부분 성폭행 또는 원치 않는 임신 때문입니다. 2014년부터 2017년 사이에 무장 단체 이슬람국가(IS)가 이라크의 소수 종교 공동체인 예지디족에게 **반인도적 범죄**를 저질렀습니다. IS는 예지디족 아동을 납치하고 노예로 만들었으며, 이들을 고문하고, 강간하고, 전쟁에 참여하게 했습니다. 9살이 넘은 여성 청소년들 중 상당수가 성폭행을 당해 출산했습니다. 살아남아 고향으로 돌아온 이들은 지역 사회의 문화적, 종교적 금기로 인해 강제로 자녀를 포기해야 하는 극심한 고통을 겪었습니다.

많은 나라에서 임신한 여성 청소년들은 심각한 낙인과 차별을 경험합니다. 많은 경우 결혼을 강요당하거나 퇴학당합니다. 모든 여성들이 의료 서비스와 안전한 임신 중지 수술을 받을 수 있어야 하지만 실제로는 많은 법적·현질적 장벽이 있습니다. 청소년 임신을 수치로 여기는 인식으로 인해 많은 여성 청소년이 병원이 아닌 곳에서 훈련받지 않은 사람들에게 안전하지 못한 임신 중지 수술을 받습니다. 이는 엄청나게 위험한 일입니다.

임신 합병증은 전 세계적으로 15~19세 여성들이 사망하는 가장 큰 이유입니다.

2015년, 시에라리온 정부는 임신한 여성 청소년들이 학교에 등교하거나 시험을 보는 것을 금지했습니다. 이는 교육권을 위반하는 것일

뿐 아니라 부정적인 젠더 고정 관념을 강화하는 것입니다. 금지 조치는 모욕적인 수색과 신체검사를 통해 강요되었습니다. 이는 여성들의 신체의 온전성과 사생활에 대한 권리를 침해한 것입니다. 거의 5년 동안 항의 캠페인을 진행한 후에야 2019년 12월, 등교 금지 조치가 해제되었습니다.

26개 나라에서 근친상간이나 성폭행으로 인한 임신일지라도 임신 중지가 불법입니다. 39개 나라에서는 산모의 생명이 위험한 경우가 아닌 한 임신 중지가 불법입니다. 2010년에 파라과이의 한 10세 여자아이가 양아버지에게 성폭행을 당해 임신을 했습니다. 신체적으로 또 정신적으로 이 아이에게 심각한 위험이었음에도 불구하고 출산을 해야만 했습니다.

여성 할례

여성 할례는 여성들에게 가해지는 폭력입니다. 여성의 성적 느낌을 억제하고 성적 쾌감을 느끼지 못하게 하기 위해 성기의 일부 또는 전체를 제거하거나 손상시킵니다. 여성 할례는 대부분 사춘기 전, 주로 4세에서 8세 사이에 시행되지만 아기에게 가해지는 경우도 있습니다. 여성 할례는 감염, 과다 출혈, 사망에까지 이를 수 있는 위험한 행위입니다. 나중에 불임과 임신 출산 합병증의 원인이 될 수도 있습니다. 여성 할례는 지금도 북동, 동부, 서부 아프리카에서 주로 행해지지만, 중동과 동남아시아 및 유럽에서도 행해

집니다. 세계보건기구는 전 세계적으로 2억 명의 여성이 할례를 당했다고 추정합니다. 유엔아동권리협약은 여성 할례를 완전히 금지하고 있습니다.

한편, 남성 포경은 성기의 표피를 제거하는 것으로 일반적으로 위험도가 높지 않은 간단한 과정입니다. 포경은 간혹 의료적인 이유로 시행되기도 하지만 대부분 종교적이고 문화적인 전통의 일부입니다. 의학적 필요가 아닌 이상 포경을 할 이유가 있는지 의문을 제기하는 사람들도 있습니다.

> 부르키나파소에서는 여성 아동의 75%가 여성 할례를 받습니다. 시에라리온은 심지어 더 높아서 비율이 88%입니다. 부르키나파소, 세네갈, 시에라리온 여성의 30~50%가 18세 이전에 결혼을 강요받습니다. 이 나라들의 10대 여성 사망의 주된 원인이 어린 나이의 임신과 출산입니다.

강제 조혼

아동 결혼으로도 알려진 강제 조혼은 18세 미만의 아동에게 결혼을 강요하는 것입니다. 대부분 어린 여자아이를 훨씬 나이 많은 남성과 결혼시킵니다. 당사자인 여성들이 동의를 할 수 없거나 동의를 하지 않았기 때문에 성폭력의 한 형태로 간주됩니다. 첫 번째 성관계는 강압적으로 이루어집니다. 이는 다른 형태의 학대와 가정 폭력과도 긴밀히 연결됩니다.

매년 최소 1200만 명의 여성들, 매분 28명의 여성들이 18세가 되기 전에 결혼을 합니다. 이 여성들은 보통 빨리 출산을 하라는 압력을 받습니다. 하지만 어린 나이의 임신은 다양한 합병증의 위험이 높습니다. 또한 학교를 그만두라는 압력을 받기 쉽습니다. 학교를 그만두면 교육을 받을 수도 없고, 빈곤에서 벗어날 능력도 제한됩니다. 강제 조혼은 자신의 삶에 대해 스스로 결정할 수 있는 권리를 빼앗습니다.

예멘 여성의 9%가 15세 이전에 결혼을 합니다. 많은 여성들이 사춘기가 되기 전에 학교를 떠납니다. 예멘은 중동에서 가장 가난한 나라이고, 전쟁으로 인해 사람들은 더 깊은 빈곤과 절망에 빠졌습니다(무장 폭력으로부터의 보호 참조, 115쪽). 강제 조혼은 가족의 생활비를 줄이는 한 방법으로 간주됩니다.

마리아는 부르키나파소에 살고 있습니다. 아버지는 마리아가 13살 때 이미 5명의 아내가 있는 70세 노인과 결혼하라고 강요했습니다. 아버지는 노인과 결혼하지 않으면 죽여 버리겠다고 마리아를 협박했습니다. 마리아는 초등학교 1학년도 마치지 못했고, 평범한 어린 시절도 누리지 못했습니다. 결혼식 3일 후 도망친 마리아는 사흘을 넘게 걸어 강제 조혼 생존자 센터에 도착했습니다.

적은 수이긴 하지만 남성들도 조혼을 합니다. 전 세계적으로 여성들은 5명 중에 1명, 남성들은 30명 중에 1명이 18세 전에 결혼을 합니다. 남성들 또한 어른들이 지는 책임을 다하라는 강요를 받습니다. 결혼을 하면 일찍 아빠가 되고, 가족을 부양하라는 엄청난 압박을 받습니다. 조혼으로 인해 교육을 받고 직장을 구하는 데 어려움을 겪게 됩니다.

아동 성적 인신매매

아동 인신매매는 성적 학대나 강제 결혼 등 다양한 형태로 발생합니다.(위험으로부터의 보호 참조, 94쪽.) 아동 인신매매는 인신매매범들로 하여금 큰돈을 벌게 하는 전 지구적인 범죄 산업입니다. 인신매매는 가장 심각한 아동권리 침해로 귀결됩니다. 아동 인신매매는 현대판 노예제로 전 세계에서 다양한 형태로 발생하고 있습니다. 필리핀에서는 가사 노동자나 가수로 취직시켜 주겠다는 약속을 받았지만 실제로는 관광 지역에서 강제로 성매매를 하게 되는 아동이 매년 약 6만 명에서 10만 명에 달합니다.

대부분의 아동 인신매매가 친구, 가족, 연인 등 지인에 의해 이루어집니다. 성별에 따라 인신매매되는 유형이 다릅니다. 여자아이들은 강제 조혼과 성 착취를 위해, 남자아이들은 강제 노동을 위해 매매됩니다. 많은 트랜스젠더·논바이너리들이 성 착취를 목적으로 인신매매됩니다. 특히 성적 인신매매를 통해 매매범들은 엄청난 이득을 얻지만 피해자들은 얻는 것이 전혀 없습니다.

아동에 대한 성적 학대를 실시간으로 방송하는 온라인 플랫폼이 널리 사용되고 있습니다. 소아 성애자들이 지역 매매범들에게, 심지어는 가족들에게 돈을 주며 요구하기 때문입니다. 여기에는 극심한 빈곤과 교육의 결핍이 배경으로 자리하고 있습니다.

만일 여러분이 성 착취를 당했다면, 신체적·정신적 학대에 맞서 어떤 조치를 취해야 하는지 186쪽을 참조하세요. 여러분의 권리가 가해자에 의해 침해된 것이지, 여러분의 잘못이 아닙니다.

인신매매에 대항하는 싸움에 테크놀로지가 점점 더 많이 활용되고 있습니다. 테크어게인스트트래피킹은 전 세계 전문가들과 테크놀로지 기업들의 연합입니다. 위프로텍트는 아동 성 착취를 근절하기 위해 영국 정부가 이끄는 온라인 국제 연합입니다. 여러 나라와 테크놀로지 기업과, **시민 사회** 단체가 함께하고 있습니다. 또 다른 국제 플랫폼에는 아동 대상 범죄에 관한 인터폴 전문가 그룹과 국제 아동 온라인 성 착취물 대응 협의체가 있습니다.

성적 권리와 재생산 권리

많은 인권 침해가 권리에 대한 무지, 젠더 불평등, 빈곤에 의해 발생합니다. 포괄적 성교육의 부족으로 상황이 훨씬 나빠집니다.

가난할수록, 교육을 받지 못할수록, 여성 할례, 강제 조혼, 어린 나이의 임신 위험이 훨씬 높아집니다. 성과 건강한 관계에 대한 토론을 금기시하는 사회적 분위기와 성과 재생산에 대한 정보 전달 실패가 여러분을 더욱 취약하게 만듭니다. 온라인 플랫폼을 사용할 때 보호 장치가 부족한 것도 하나의 원인입니다.

포괄적 성교육은 유네스코(국제연합교육과학문화기구)가 제시한 성교육입니다. '연령에 적합하고, 문화적 맥락에 맞는 성과 관계 교육을 위해 과학적으로 정확하고, 현실적이며, 객관적인 정보를 제공합니다.' 이는 어린이·청소년의 의사 결정 능력을 기르고, 원치 않는 임신, 폭력과 학대, 젠더 기반 폭력을 예방하는 데 기여하기 위해 개발되었습니다.

여러분의 성과 재생산에 관해 가족들이나 종교 단체가 결정권을 갖는 일이 종종 있습니다. 중앙 정부와 지방자치단체는 평등을 지지할 의무가 있음에도 불구하고 문화, 전통, 종교에 기반해 해로운 고정 관념을 강화시킵니다. 많은 사람이 성과 재생산 권리에 대한 교육을 제한하고 여러분의 몸에 대한 여러분의 권리를 통제하려고 들 것입니다.

권리를 위한 투쟁

행동하기

　　페루의 니콜 데 라 크루즈는 만토의 청소년 회원입니다. 이 단체
는 아동 노동권과 사회 정의를 위한 조직이지요. 그녀는 페루 수도
인 리마의 외곽에 위치한 가난한 지역에서 자랐습니다. 페루에서
는 청소년들이 성에 대해 이야기하는 것이 금기시됩니다. 니콜이
살던 지역에서는 임신을 한 많은 10대가 낙인 때문에 학교를 그만
둬야 했습니다.

2016년, 14세의 니콜은 만토와 앰네스티가 운영하는 성과 재생산 권리에 대한 교육 프로젝트에 합류했습니다. 니콜은 프로젝트에서 청소년들에게 권리를 가르치는 방법을 훈련받았고 학교에서 포괄적 성교육을 홍보할 방법을 배웠습니다.

보수적인 페루에서 이 프로젝트는 많은 반대에 부딪혔습니다. 하지만 니콜은 다음과 같이 말했습니다.

❝ 청소년들에게 자기 자신과 몸을 보호하라고 가르치는 것은 매우 중요합니다. 저는 여성에게 순종을 요구하고 여성을 구타하고 살해하는 사회에서 살고 싶지 않습니다. 우리들이 존중과 존엄과 연대의 사회에서 사는 것을 원하지 않는 사람들을 이해할 수 없습니다. 저는 우리가 어렸을 때부터 모든 사람을 존중하고, 우리의 권리가 위반되지 않아야 한다는 것을 배우고, 포괄적 성교육을 받기를 바랍니다.❞

행동하기

케냐에서 여성 할례는 불법이지만 여성 4분의 1이 할례를 당하고 있습니다. 2017년, 5명의 케냐 여성 청소년이 '아이컷'이라는 획기적인 앱을 개발했습니다. 여성 할례를 당하려고 할 때 긴급 버튼을 누르면 정부 당국에게 알림이 가는 앱이지요. 도카스 오위노

113

의 지도를 받은 5명, 마크린 아키니 온양고, 스테이시 디나 아디암 보, 신시아 아우얼 오티에노, 퓨리티 크리스틴 아치엥, 아이비 아키니는 자신들을 '복원 전문가'라고 말합니다.

이 앱은 여성 할례에 대한 낙인을 극복하는 데 도움을 주고, 그 과정을 겪은 여성들을 돕는 자원을 제공하고 있습니다.

무장 폭력으로부터의 보호

생명, 생존, 발달에 대한 권리는 여러분이 무력 분쟁으로부터 보호받을 권리를 지닌다는 의미입니다. 여러분은 다치거나 비인간적인 대우를 받았을 때 지원을 받을 권리를 지닙니다. 미성년자는 적대 행위에 참여하라는 요구를 받지 않아야 합니다.

6, 37, 38, 39조, 제1선택의정서.

무슨 뜻인가요?

이는 생명, 생존, 발달에 대한 기본 원칙에 근거합니다. 유엔아동권리협약은 아동이 무력 분쟁 상황에서 보호받아야 한다고 말합니다. 여러분을 싸움에 참여하게 해서는 절대 안 됩니다. 만일 여러분이 소년병이라면 트라우마 회복을 위해 특별한 도움을 받을 권리를 지닙니다.

현실은 어떤가요?

인류 역사에서 아동은 전쟁으로 인해 상당한 영향을 받았습니다. 무력 분쟁은 여전히 전 세계에 만연합니다. 원인은 복잡하지만, 빈곤과 불평등이 거의 언제나 주요 원인에 포함됩니다.

모든 정부는 법에 따라 국가의 안보와 공공 안전을 지킬 책임과 권리를 지닙니다. 이를 위해 군대가 무기를 사용하는 것은 합법적입니다. 그러나 무기를 팔거나 사는 사람들은 반드시 무기를 안전하게 운반하고 보관해야 하며, 나쁜 목적으로 활용되지 않도록 주의를 기울여야 합니다. 정부는 개인이 소유한 무기가 불법으로 유통되지 않도록 규제해야 합니다.

모든 무력 분쟁은 국제 무기 거래에 의해 유지됩니다. 2014년, 유엔 총회에서 국제무기거래조약(ATT)이 채택되었습니다. 이 조약은 인권을 상당히 위협하는 상황에서는 무기를 공급하지 않아야 한다고 규정합니다. 그럼에도 불구하고 무기 거래는 종종 위험하게 방치됩니다. 규제의 부족은 국제무기거래조약과 유엔 규정을 위반하는 무기 공급 등 불법적이고 무책임한 거래를 활성화시킵니다.

전쟁과 무력 분쟁으로 인해 1분마다 20명의 사람이 고향을 떠나고 있습니다. 아동은 다치고, 죽고, 부모를 잃습니다. 학교와 병원이 폭탄 공습의 목표가 되기도 합니다. 많은 아동이 전쟁에 동원됩니다. 여러 나라에서 강간, 강제 결혼, 납치가 흔히 행해집니다.

> 2020년까지 예멘 내전으로 수만 명의 아동을 포함해서 약 10만 명이
> 폭력, 기아, 질병으로 사망했습니다. 사우디아라비아와 아랍 에미리트
> 가 이끄는 연합군은 수차례 폭탄 공습을 비롯한 공격을 했습니다. 이
> 는 21세기 최대의 인도주의적 재앙으로 불립니다. 예멘 내전은 무기
> 거래에 의해 부채질되고 있습니다. 예멘 사람들을 사망하게 만든 폭
> 탄은 미국과 영국 등이 만들어 사우디아라비아와 아랍 에미리트에 판
> 매한 것입니다.

소년병

소년병은 무력 분쟁에 동원된 18세 미만의 청소년을 의미합니
다. 언제나 30만 명의 아동이 전 세계의 분쟁에서 싸우고 있는 것
으로 추정됩니다. 분쟁에 동원될 수 있는 군대에 속해 있는 아동
또한 10만 명 이상입니다. 소년병 대부분이 15세에서 18세이지만,
모집은 보통 10세 정도에 시작되고 심지어 이보다 더 어린아이들
도 동원된다는 기록이 있습니다.

남자아이들은 여러 가지 이유로 군인이 됩니다. 강제 징집을 당
해 학교를 중단하거나 동네에서 먼 곳으로 떠나게 되는 경우도 있
습니다. 군대가 안전하다고 생각해서 자발적으로 합류한 사람도
있고요. 음식, 옷, 쉴 곳을 위해 합류했을 수도 있습니다. 가족과 친

구가 분쟁에 연루되었거나 살해당했기 때문에 전쟁이 유일한 선택지로 여겨졌을 수도 있습니다. 하지만 전쟁은 어린이와 청소년에게 막대한 영향을 미칩니다. 몸이나 정신이 다치거나 영구적인 장애를 입을 수도 있습니다. 폭력을 목격하거나 폭력에 가담하는 것 역시 매우 큰 트라우마가 됩니다. 분쟁이 끝난 후 소년병에게는 많은 상담과 지원이 필요하지만 도움을 받지 못하는 경우가 대부분입니다.

2013년 5월 경, 북동 나이지리아에서 무장 단체인 보코하람과 나이지리아 군대 간의 분쟁이 시작되었습니다. 양쪽 모두 아동에 대한 폭력을 저질렀습니다. 보코하람은 반복적으로 학교를 공격하고 많은 아동을 병사와 '아내'로 삼기 위해 납치하는 등 여러 잔혹 행위를 했습니다. 나이지리아 군대는 보코하람을 탈출한 아동들에게 더 심한 범죄를 저질렀습니다. 그들은 아동들을 비인간적인 환경에 불법적으로 가두고, 때렸습니다. 또한 성인 수감자들이 아동들을 성적으로 학대하는 것을 허용했습니다. 집으로 돌아온 아동들이 회복하고 학교에 다니도록 돕는 지원은 거의 없었습니다.

총기 폭력

총기 폭력은 권총, 엽총, 자동 소총, 기관총 등 화기에 의한 폭력입니다. 전투를 의미하지는 않습니다. 총기 폭력과 총기로 인한 사망에 개입하고 근절하는 데 실패한 정부는 아동권리를 보호하지 않는 것입니다.

전쟁 중이 아닌데도 총기에 쉽게 접근하도록 정부가 허용한다면 이는 여러분의 삶에 파괴적인 영향을 미칠 수 있습니다. 여러분이 가난한 지역에 산다면 특히 그렇습니다. 미국은 1791년 제정한 수정 헌법 2조를 통해 시민들에게 무기를 소지할 권리를 부여했습니다. 총기에 대한 쉬운 접근과 느슨한 규제가 결합되면서 매년 3만 9000명 이상이 총기에 의해 사망하고 있습니다. 매년 1400명 이상의 미국 아동이 총기 폭력으로 사망하고 평균 5790명의 아동이 총기 관련 부상으로 응급 치료를 받습니다. 아동 피해자의 대부분이 흑인과 소수자 집단입니다. 과실로 인한 총격 사망과 아동 자살은 총을 안전하고 확실하게 보관할 것을 의무화하는 아동 접근 방지법 실행을 통해 막을 수 있습니다. 그러나 미국의 50개 주 가운데 23개 주가 이러한 법을 제정하지 못했습니다.

전 세계 도시에서 발생하는 청소년들에 의한 총기 폭력의 원인은 두려움, 나라가 보호해 주지 못하므로 스스로 보호해야 한다는 생각, 오랜 차별로 인한 경찰에 대한 불신, 또래 존중과 승인에 대한 욕망 등입니다. 빈곤과 불평등으로 인해 취약한 상황에 놓인 경우 범죄 조직의 쉬운 사냥감이 될 수 있지요.

조직범죄와 갱단을 포함해서 전 세계적으로 매일 500명 이상이 총기 폭력으로 사망합니다.

- 2012년부터 2016년까지 전 세계에서 140만 명이 총기 폭력으로 사망했습니다.

- 1999년부터 2016년까지 미국에서 영유아를 포함해 2만 5000명 이상의 아동이 총기 폭력에 의해 사망했습니다.

권리를 위한 투쟁

행동하기

> 66 저는 시카고를 사랑하지만,
> 매일 '살아남아야' 하는 이곳에서 일상을 살기는 힘듭니다.
> 브레이브에 가입한 것은 최고의 선택이었다고 생각합니다.
> 브레이브는 제게 공동체를, 나아가 도시와 나라를 변화시킬
> 수 있는 힘을 주었습니다. 브레이브는 다른 사람들이 몰랐던
> 저의 새로운 면을 끌어냈습니다."
>
> *자나이야 알프레드, 16세.*

미국 시카고에서는 총기 폭력이 많이 발생합니다. 많은 아동들이 희생되고 있습니다. 2020년 상반기에만 440명이 살해당했습니다. 10세 미만의 어린이 24명이 총에 맞았고 그중 5명이 사망했지요. 희생자의 가족들이 받는 충격은 짐작할 수도 없습니다. 시

카고의 남부에 위치한 성 사비나 가톨릭 성당은 2008년, 6~24세
의 아동과 청년을 위한 평화 프로그램을 만들었습니다. 어디서
나 폭력에 맞선 용감한 저항!(Bold Resistance Against Violence
Everywhere!)의 앞 글자를 따 브레이브(BRAVE)라고 불렀습니다.
2009년에는 폭력 예방 청소년 위원회인 '브레이브 청소년 리더 모
임'을 만들었습니다. 이들은 청소년들을 평화 중재자로 훈련시켰
습니다. 이들은 리더십, 또래들의 지지, 대중 강연, 활동 등을 통해
변화를 만들어 냈습니다. 이 방과 후 프로그램을 통해 10대들은 일
상의 총기 폭력과 사회적 불의에 맞서 싸울 수 있게 되었습니다.
브레이브의 청소년들은 시카고를 넘어서 연설하고 행진하고 토론
하고 있습니다.

66 여러분은 매일같이 총기 폭력과 싸우고 있습니다.
상황을 정상화하는 것 외에는 할 수 있는 것이 없지요.
더 이상 아무도 총기 폭력에 신경 쓰지 않는 것 같고,
그로 인해 총기 폭력이 당연해지는 것 같아 괴롭습니다.
사람들은 익숙해지고 있습니다. 총기 폭력은 마치
우리 삶의 일부처럼 됐습니다. 평범한 일이 되었지요.
브레이브는 총기 폭력에 대한 저의 생각을 말하도록
도와주었습니다. 성적 인신매매, 한 부모 가정,
학대 가정, 우울증 같이 아무도 관심 없는 것 같은 문제들에
대해서도요. 브레이브에서는 저의 느낌을 자유롭게 말할
수 있었습니다. 틀린 답은 없었고, 어떤 문제든 이야기할 수
있는 안전한 공간이었습니다. 브레이브는 여러분이 의지할
수 있고 여러분을 지지해 주는 단단한 토대입니다."

가브리엘 키저, 15세.

행동하기

2017년, 15세의 무하마드 나젬은 시리아의 무력 분쟁을 기록하기 시작했습니다. 무하마드의 아버지는 이슬람 사원인 모스크에서 기도하던 중 공습으로 사망했습니다. 무하마드는 시리아 정부군이 동부 구타에 있는 그의 마을을 포위하는 동안 극심한 폭력

을 목격하고 고통을 겪었습니다. 그는 세계에 참상을 알리기로 결심했습니다. 무하마드는 서구 시청자들에게 알리기 위해 영어를 사용했습니다. 소셜 미디어를 통해 전쟁터에서 매일 벌어지는 삶과 죽음의 현실을 기록하고, 인터뷰를 진행했습니다. 폭격이 멈출 때마다 무하마드와 그의 형은 서둘러 지붕에 올라가 USB가 달린 10미터 높이의 와이파이 장대를 사용해서 소셜 미디어에 영상을 올렸습니다. 무하마드와 그의 가족은 곧 쫓겨났고 결국 터키로 망명했습니다. 그는 시리아에 남아 있는 이들과 계속 연락하며 고향에서 지속되고 있는 전쟁 범죄와 인권 침해의 실상을 알리고 있습니다.

행동하기

이스마엘 베아는 1980년 서아프리카 시에라리온에서 태어났습니다. 시에라리온은 다이아몬드 같은 천연 광물이 풍부한 나라입니다. 반군이 정부에 맞서면서 1991년 시작된 내전은 12년간 지속됐습니다. 전쟁으로 인해 나라는 이전의 모습을 찾아볼 수 없게 되었습니다.

정부군과 반군 모두 값싼 노동력으로 활용하기 위해 소년병을 강제로 모집했습니다. 응하지 않는 아동은 죽였습니다. 소년병은 자신의 가족을 죽여야 했고 마을을 파괴해야 했습니다. 그래서 아무도 소년병들을 찾지 않았고 그들은 돌아갈 곳이 없었습니다. 이는 일종의 세뇌였습니다. 사람들은 소년병을 더 이상 아이로 보지 않았고, 그들을 폭력적인 극단주의자로 여기며 두려워했습니다.

이스마엘이 12살 때 그의 가족은 살해당했고 그는 반군으로부터 도망쳤습니다. 그의 세상은 공포가 되었습니다. 인생의 목표는 매 순간의 생존으로 축소되었습니다. 13살 때 그는 정부군으로 징병되었습니다. 정부군이 그의 새로운 가족이 된 것이지요. 약물을 이용한 조종과 강요로 그는 끔찍한 일들을 저질렀습니다.

이스마엘은 15살 때 구출되어 수도인 프리타운에 위치한, 소년병들을 위한 유니세프 재활 센터에 입소했습니다. 그가 16살 때 내전이 프리타운을 덮쳤습니다. 이스마엘은 기니를 거쳐 미국으로 망명했고, 한 가정에 입양되었습니다. 그는 전쟁에 갇혀 있는 수천 명 아동들의 삶을 변화시키기 위한 활동을 시작했습니다.

2007년 그는 유니세프의 첫 번째 전쟁 피해 아동권리 옹호자가 되었습니다. 2008년에 이스마엘은 전쟁피해청소년모임(NYPAW)을 공동 설립했습니다.

행동하기

나이지리아의 올루와토미신 자스민 오훈누비는 12살이었던 2015년, 길을 잃은 어린이와 청소년에게 도움을 주는 위치 추적 앱 '나의 위치'를 개발했습니다. 이 앱은 일상적으로 폭력의 위험에 직면하는 청소년들에게 혁신적인 기술적 해결책이었습니다. 또한 전국적인 내란 시기에 군이 저지른 잔인한 사례들을 기록했습니다. 기록에 따르면 보코하람 무장 분쟁으로 인해 나이지리아 아동 3만 명 이상이 부모와 헤어지거나 부모를 잃었습니다. '나의 위치' 앱은 핸드폰 긴급 버튼을 누르면 가족과 긴급 서비스에 자신의 위치를 알려 줍니다. 긴급 대응이 제한적인 나라에서 매우 유용하지요.

올루와토미신은 다음과 같이 말했습니다.

66 우리의 권리를 요구하고 강화하는 데 필요한 힘을
우리가 얼마나 많이 가졌는지를 더 일찍 알았다면
얼마나 좋았을까 생각합니다.
제가 사는 세상의 사람들은 자신의 인권이 침해당할 때
무력하고, '감당해야 할 운명'으로 받아들입니다.
특히 권력자들이 인권을 침해하고, 당신들은 아무것도 할
수 없다는 거짓말을 할 때 더욱 그렇습니다. 이는 우리가
오랫동안 우리 자신을 세뇌시킨 거짓말입니다.
이제 저는 권리는 협상할 수 있는 것이 아니고,
아무리 지위가 높은 사람이라도
그것을 부인할 수 없다는 사실을 압니다.
또한 우리가 연대했을 때 힘을 갖게 된다는 사실을
깨달았습니다. 타인을 위해 목소리를 높이고 자신의 권리를
잘 모르는 사람들을 교육하는 것이 연대입니다.
저는 사람들이 자신의 권리를 알고 이를 위해 싸우도록,
그리고 위기에 처한 모든 여성들이 필요로 하는 협력자가
되도록 격려할 것입니다.
저는 전 세계의 모든 아동과 연대할 것입니다."

형사 사법 제도와 자유

여러분은 존엄하고 가치 있는 존재로 대우받을 권리가 있습니다. 잔인하고 해로운 방식으로 처벌받아서는 안 됩니다. 법률 지원과 공정한 심리를 받아야 하며 판사는 반드시 여러분의 나이와 필요를 고려해야 합니다. 자유의 박탈은 최후의 수단으로서 꼭 필요한 최단기간 동안만 행해져야 합니다. 18세 미만의 아동이 저지른 범죄에 대해 사형 또는 가석방 없는 종신형을 내려서는 안 됩니다. 여러분은 여러분의 회복을 도와주는 지원을 받을 권리가 있습니다.

37, 39, 40조.

여러분의 권리 이해하기

무슨 뜻인가요?

이는 여러분과 여러분의 유년기를 서로 다른 두 방식으로 보호하는데, 많은 경우에 이 두 방식은 하나로 섞이기도 합니다. 이는 4개의 기본 원칙을 명확히 따릅니다.(35쪽 참조.)

40조는 규범이나 법을 위반하는 아동들에 관한 것입니다. 여러분을 성인과 같은 기준으로 판단해서는 안 된다는 의미이며, 여러분이 공정한 재판을 보장받아야 한다는 뜻입니다. 만일 여러분이 범죄를 저질렀다면 처벌이나 징벌이 아닌 회복, 재활, 사회 재통합에 초점이 맞춰져야 합니다. 아동에게 (신체적) 체벌을 해서는 안 됩니다.

정부는 극심한 빈곤 지역에 투자해 아동 범죄를 막도록 노력해야 합니다. 협약은 많은 아동 범죄가 가난과 심리적 문제를 만들고 악화시키는 심각한 구조적 문제의 결과라는 사실을 인정합니다. 또한 가출, 무단결석, 거리에서 생활했다는 이유로 여러분을 범죄자로 취급해서는 안 된다는 사실도 포함합니다. 정부는 아동 전과자에 대한 차별을 예방하고 이들이 사회에 다시 통합될 수 있도록 도와야 합니다.

협약은 또한 아동이 자유를 박탈당해서는 안 된다고 말합니다. 생명, 생존, 발달에 대한 여러분의 권리(기본 원칙 중 하나)는 필수적인 것입니다. 만일 여러분이 자유를 빼앗긴다면, 여러분의 발달에 심각한 영향을 미쳐 여러분은 사회에 재통합되기 어려울 것입니다. 이런 이유로 37조는 체포, 감금, 투옥 같은 **자유 박탈**은 최후의 수단이자 예외적인 방법으로 적절하고 짧은 기간 동안 사용되어야 한다고 말합니다. 또한 성인 범죄자들과 함께 감옥에 갇혀서는 안 됩니다.

현실은 어떤가요?

현실은 매우 다릅니다. 많은 정부가 37조와 40조를 위반하고 있습니다. 무단결석, 불복종, 음주 등의 가벼운 위반을 이유로 청소년들이 종종 범죄자 취급을 받습니다. 이란, 남수단 같은 일부 나라에서는 아동을 성인처럼 취급해 법을 위반했을 때 사형 선고, 무기 징역, 체벌을 가합니다. 2020년 현재, 미국에서는 약 2500명의 미국인이 아동이었을 때 저지른 범죄로 인해 가석방 없는 무기 징역을 살고 있습니다.

체벌에 반대하는 활동은 조금씩 성장해 왔습니다. 활동가들은 아동이 뺨 때리기와 같은 체벌을 당하지 않고 어른과 동일하게 보호받도록 노력해 왔습니다. 2020년 말까지 61개의 나라가 집과 학교를 포함해 모든 곳에서 체벌을 완전히 금지했습니다. 다른 28개 나라는 법 개정을 약속했습니다.

18세 미만일 때 저지른 범죄에 대해서는 어른이 된 후 처벌하지 않아야 함에도 불구하고, 일부 국가에서는 아동이 성인이 될 때까지 판결을 하지 않고 기다립니다. 아동에게 최선이라고 판단되는 경우를 제외하고 아동을 성인과 함께 수용하는 것은 국제법으로 금지되어 있습니다.

아동을 감옥에 보내는 것은 대부분의 경우 불필요하고 아동에게 해롭습니다. 이는 불안, 우울, 자살 충동, **외상 후 스트레스 장애** 등으로 이어지며 생각하고 판단하는 능력을 저하시킬 수 있습니다.

전 세계에서 매년 700만 명 이상의 아동이 자유를 빼앗기는 것으로 추정됩니다. 이들은 구금, 투옥, 구류 등을 당하며 자신들의 자유 의지를 행사하지 못합니다. 이들 중 감옥과 같은 형사 처벌 제도가 아닌 시설에 수용된 아동이 약 540만 명에 달합니다. 시설 중에는 등록되지 않은 '고아원'도 있습니다. 이런 시설에 사는 많은 아동은 실제로 고아가 아니며, 안전장치가 마련되어 있지 않아 위험한 환경에 있습니다. 많은 아동(최소 41만명)이 폭력이 난무하는 감옥 또는 재판 전 구금 시설에 수용되어 있습니다. 약 100만 명 이상이 경찰서 유치장 수감 같은 형사 처벌을 받고 있습니다. 형사 처벌 제도에 의해 구금된 아동의 대다수(94%)가 남성입니다. 인종적·민족적 소수자이거나 장애가 있거나 가난한 아동들이 감옥이나 시설에 더 많이 수용되는 경향이 있습니다.

매년 80개 나라에서 최소 33만 명의 아동이 단지 이주민이거나 망명자라는 이유로 수용소에 갇힙니다. 많은 아동이 부모와 가족으로부터 강제로 분리됩니다. 이러한 처분은 아동을 특히 학대와 방치에 취약하게 만듭니다. 이는 명백한 협약 위반입니다. 대부분이 아동에 대한 '잔인하고, 비인간적이며, 모욕적인 대우'에 해당됩니다.

■ 2018년, 전 세계의 청소년들이 미국과 멕시코 국경 지대에서 가족과

분리되고 불법적으로 감금된 이주 아동들에게 수천 건의 연대 메시지를 보냈습니다. 이 아동들 대부분이 중앙아메리카 출신으로 정부로부터 보호받지 못해 인권 침해와 폭력을 피해 이주했습니다. 연대 메시지는 사람들의 관심을 높였고, 아동들에게 자신들이 잊히지 않았다는 사실을 알게 해 주었습니다. 태국 남부의 한 10대 여성은 다음과 같은 메시지를 남겼습니다. '자유가 여러분에게 올 것입니다. 포기하지 마세요. 무슨 일이 생기든 우리는 여러분 곁에 있을 겁니다.' 베네수엘라에 사는 한 어린이는 우리에 갇힌 강아지 그림을 그리고 '우리는 동물이 아닙니다.'라는 글을 적었습니다.

유엔아동권리위원회는 형사적 책임을 지는 최소 연령을 14세로 높일 것을 권유하고 있습니다. 여러분은 성년(대부분의 나라에서 18세)에 도달하기 전까지 법적으로 성인이 아닙니다. 따라서 여러분은 성인으로 간주되지 않아야 합니다. 여러분이 성장할수록 행동의 원인과 결과를 더 잘 이해할 수 있으며, 이를 '진화하는 능력'이라고 합니다. 하지만 일부 나라에서는 6세인 아동도 범죄자로 취급합니다. 6세 아동의 '문제적' 행동은 발달 단계에 비춰 전적으로 정상일 수 있습니다.

2017년 10월, 마다가스카르는 785명의 아동을 감옥에 가두고 있었습니다. 이들 대부분은 15세에서 17세 사이였고 더 어린 아동도 있었습니다. 국제앰네스티가 감옥을 방문해 만난 3명의 아동 중 변호사를 만나 본 아동은 아무도 없었습니다. 가장 어린 아동은 12세였고, 1명은 닭을 훔쳤다는 이유로 한 달 전부터 감금된 상태였습니다.

나라의 형사 책임 연령이 몇 살인지와 무관하게 18세 미만이라면 누구나 아동 형사 사법 원칙에 따라 대우받아야 합니다.

국가별 형사 책임 연령

- 호주: 10세
- 브라질: 18세
- 콩고민주공화국: 최소 연령 없음
- 덴마크: 15세
- 잉글랜드와 웨일즈: 10세
- 인도: 7세(이해력이 부족한 아동은 12세)
- 이란: 여성 9세, 남성 15세
- 나이지리아: 최소 연령 없음
- 페루: 18세
- 사우디아라비아: 7세
- 남아프리카 공화국: 10세
- 태국: 7세
- 미국: 주에 따라 6세에서 10세까지 다양

권리를 위한 투쟁

행동하기

마가이 마티옵 은공은 15세였던 2017년, 사형 선고를 받았습니다. 그는 사촌에게 겁을 주려고 아버지의 총을 땅에 쐈습니다. 사촌은 마가이가 이웃 소년과 싸우는 것을 막으려는 중이었지요. 하지만 총알이 튀어 사촌에게 맞았고 사촌은 결국 병원에서 사망했습니다. 마가이는 변호사 없이 재판을 받았고 사형 선고를 받았습니다. 국제법이나 남수단법 모두 이를 불법으로 규정하고 있습니다.

앰네스티가 마가이를 돕기 위해 캠페인을 진행했습니다. 많은 아동을 포함해 76만 5000명 이상이 남수단 대통령에게 탄원 편지를 보냈고, 마가이에게 연대 편지를 보냈습니다. 마가이는 감옥에서 자신이 받은 편지를 다른 사람들과 함께 볼 수 있었습니다. 2020년, 사형 선고는 파기되었습니다. 그러나 사촌의 가족들은 이에 불복하여 상급 법원에 재심을 해 달라며 항소했습니다.

마가이는 감옥에서 많이 변했습니다. 이제 그는 자신을 '앰네스티 대사'라고 부릅니다. 사람들의 연대는 그의 목숨을 살렸을 뿐 아니라 더 많은 일에 영향을 미쳤습니다. 마가이가 인권 활동을 하며 다른 사람들을 돕는 일에 자신의 삶을 바치겠다고 결심한 것입니다.

행동하기

벨라루스에는 수천 명의 어린이와 청소년이 경미하고 비폭력적인 마약 범죄를 저질렀다는 이유로 투옥되어 있습니다. 그들은 비인간적인 상황에서 오랫동안 복역하고 있습니다.

2018년, 17세의 블라디슬라프 샤르콥스키는 올림픽 리저브 학교를 졸업했습니다. 그는 재학 중일 때 학교에서 태권도를 배웠습니다. 부모님이 모두 실직했기에 그는 가계를 돕기 위해 일을 구했습니다. 오랜 구직 끝에 익명의 온라인 회사로부터 배달원 일을 제안받았습니다. 회사에서는 합법적인 혼합 담배를 배달하는 일이라고 여러 번 이야기했습니다.

2주 후 그는 '범죄 조직의 일원이며 불법 마약을 운송했다.'라는 이유로 체포됐습니다. 그는 부모님도, 변호사도 없이 경찰서에서 하룻밤을 보냈습니다. 구타당했고, 진술서를 쓰라고 강요받았으며, 핸드폰 비밀번호를 말해야 했습니다. 그는 경미하고 비폭력적인 마

약 범죄를 이유로 10년 형을 선고받았습니다.(이후 9년으로 감형.) 하지만 다른 사람들은 아무도 기소되지 않았습니다. 수사관은 온라인 회사의 주인이 누구인지 밝히려는 노력조차 하지 않았습니다.

감옥에서 그의 건강이 악화됐지만 적절한 치료를 받지 못했습니다. 앰네스티가 2019년 9월에 그를 대신하여 긴급 호소문을 보내자 전 세계의 많은 사람이 벨라루스 정부에 탄원 편지를 보냈습니다. 그제야 그는 진료를 받을 수 있었습니다. 앰네스티의 두 번째 호소는 더 많은 편지로 이어졌고, 그의 형량은 1년 줄었습니다. 전 세계적인 연대는 그의 정신 건강에도 도움을 주었습니다.

> 66 전 세계의 연대는 저에게 세상을 의미했습니다. 세상이
> 저를 기억하고, 사람들이 저의 권리를 위해 싸운다는 사실을
> 아는 것은 감옥에서 큰 변화를 만들었습니다."

사생활

여러분은 사생활에 대한 권리를 지니며, 따돌림, 괴롭힘, 위협과 여러분의 평판에 대한 공격으로부터 보호받을 권리가 있습니다.

16조.

무슨 뜻인가요?

이 권리는 여러분의 개인적 자유와 존엄을 보호합니다. 또한 여러분의 삶의 모든 영역에 적용됩니다. 온라인도 포함해서요. 이 권리는 여러분이 자신의 삶을 살 수 있어야 하고, 여러분이 원하는 대로 타인과 관계 맺을 수 있어야 하며, 누구도(정부도 포함) 부당하게 여러분을 간섭하거나 감시해서는 안 된다고 말합니다. 이는 여러분에게 안전한 경계를 만들어 주고, 개인, 정부, 공공 기관, 기업의 인권 침해로부터 여러분을 보호해 줍니다. 온라인에서 부당한 감시를 당하거나 여러분과 관련된 정보가 수집·분석·게재되지 않고 안전하게 활동할 수 있는 권리를 포함합니다.

현실은 어떤가요?

2020년 기준으로, 전 세계 약 240억 개의 장치들이 인터넷을 통해 연결되어 있습니다. 정부, 불법 네트워크, 기업, 개인 등 수많은 행위자들이 저지르는 침해에 여러분이 취약해질 수 있는 환경입니다.

감시

정부의 **감시**는 일반적으로 당사자가 인지하거나 동의하지 않은 상태에서 표적으로 삼아 진행되는 모니터링입니다. 감시는 단지 여러분의 정보에 접근하는 것에 그치지 않습니다. 통제와 협박과도 관련되며 탄압과 인권 침해의 속성을 언제나 지닙니다. 정부는 사생활 권리를 침해할 수 있는 감시 기술을 점점 더 많이 활용하고 있습니다. 러시아는 평화적 시위를 비롯해 공공 집회에 참여한 사람들의 정보를 수집하기 위해 안면 인식 시스템을 설치했습니다. 중국에서는 감시 시스템이 발전되어 심지어 교실에서 수업 중인 학생들의 얼굴 표정과 집중 정도를 모니터하는 데 사용하고 있습니다.(만일 여러분이 어떤 활동이든 참여한다면, 감시를 당하지 않도록 조심해야 합니다. 디지털 안전 이해하기 참조, 238쪽.)

불법 네트워크 또한 비밀 감시 기술을 이용합니다. 불법 네트워크는 여러분을 성 착취물이나 폭력의 희생자로 삼기 위해 여러분이 가진 장비를 통해 접근하기도 합니다. 극단주의자 집단은 소셜 미디어 플랫폼에서 정보를 수집하고 취약한 청소년들을 포섭하려고 들지요.

> 영국의 경찰국은 2012년에 '범죄 매트릭스'로 알려진 범죄 지형 데이터베이스를 개발했습니다. 이는 2011년 일어난 런던 폭동에 대한 정치적인 대응이었습니다. 경찰은 데이터를 수집하고 범죄 연루 가능성을 예측하기 위해 온라인에서 청소년들의 행동을 모니터링했습니다. 하지만 이것은 청소년에 대해 차별적인 시각에 기반하고 있습니다. 예를 들어 그라임 뮤직 비디오에 범죄 조직의 이름이나 상징이 등장한다는 이유만으로 뮤직 비디오를 공유하거나 좋아요를 누르는 것이 범죄 연루 가능성에 대한 지표로 간주되었습니다. 범죄 매트릭스에 따르면 4분의 3 이상(78%)이 흑인이었습니다. 그러나 실제로는 심각한 청소년 폭력 가해자 중 흑인의 비율은 27% 정도입니다. 또한 범죄 매트릭스의 80%가 12세에서 24세였습니다.

온라인 학대

아동 학대자들은 친구인 척 접근합니다. 그들은 여러분을 그루밍하고 여러분이 그들을 믿을 때까지 진심인 것처럼 보이는 관계를 만듭니다. 그들의 진짜 목적은 오프라인이나 온라인에서 여러분을 조종하고 착취하고 학대하는 것입니다. 가해자들은 동의 없이 여러분의 사진을 공유합니다. 때로는 아동 학대 가해자들의 네트워크에 여러분의 사진을 올리기도 하지요. 이러한 행위는 여러분의 정신적·신체적 건강, 평판, 친구와 가족 관계를 심각하게 훼손합니다. '**트라우마 유대**'는 피해자와 가해자 사이에 지속되는 감정적 애착을 말합니다. 트라우마 유대는 매우 흔합니다. 만일 이런 일이 일어났다고 해서, 여러분이 비난받아서는 안 됩니다. 학대는 여러분의 잘못이 아니며, 가해자는 여러분을 통제할 권리가 없다는 사실을 기억하세요.(신체 또는 성적 학대에 대한 조치 참조, 186쪽.)

사이버 불링은 온라인에서 괴롭히거나 위협하는 것을 의미합니다. 이는 종종 장난으로 위장되지만 회복이 어려운 잔학 행위입니다. 주위 사람들이 방관하면서 괴롭힘을 허용할 때 특히 고통스럽습니다. 피해자는 섭식 장애, 정신적·신체적 건강 악화로 고통받고, 이로 인해 학교에서 집중하거나 직업을 구하기 어려워집니다. 어떤 가해자들은 친구나 애인인 것처럼 행세하며 피해자에게 접근합니다. 가해자들은 피해자들로부터 내밀한 정보나 노출이 있는 사진을 얻어 내 피해자의 지인들에게 뿌립니다. 가해자들이 만들어 낸 가짜 영상이나 사진을 퍼뜨리기도 합니다. 공개적인 모욕은 청소년들의 정신 건강에 심각한 피해를 끼칠 수 있습니다. 믿음에 대한 배신과 사생활 침해로 인한 상처는 쉽게 회복되지 않습니다.

온라인 활동과 기술에는 긍정적인 면도 많습니다. 예를 들어 온라인으로 전자 서명을 받고 증거 자료를 모아 청원을 진행할 수 있지요. 믿을 수 있는 정보를 검색하고 얻을 수 있습니다. 전자 통신과 가상 기술을 통해 원거리에서 의료 서비스를 제공하는 원격 의료도 있습니다. 원격 의료는 전쟁 때나 보건 위기 상황에 정신 건강 서비스를 제공할 수 있습니다.

기업의 부당 이득

명백히 합법적인 기업도 여러분이 모르는 사이에 여러분의 삶에 상당한 영향을 미칠 수 있습니다. 기업은 여러분의 개인 장비를 이용하여 여러분의 위치, 교우 관계, 성적 지향, 정치적 신념, 건강 정보뿐 아니라 지문이나 목소리 같은 생체 정보 등에 이르는 사적인 자료를 수집합니다. 이를 활용해 여러분의 프로필을 만들고 여러분에게 공격적으로 광고를 할 수 있습니다. 여러분은 자유로운 선택으로 쇼핑을 한다고 생각하겠지만, 정말 그럴까요? 오랫동안 영향을 미치는 위험도 있습니다. 이 모든 정보에 더해 여러분이 올리는 정보, 여러분에 대한 정보가 합쳐지면 여러분의 사생활에 영원한 위협이 되어 미래에 여러분에게 불리하게 이용될 수 있습니다. 테크놀로지 기업은 아동을 위험으로부터 보호할 수 있는 안전장치와 플랫폼을 제공할 수 있는 능력이 있습니다. 하지만 기업이 안전장치를 제공하게 하려면, 청소년들을 포함한 대중이 큰 압력을 행사해야 할 것입니다.

권리를 위한 투쟁

행동하기

알렉스*는 홍콩의 학생 활동가입니다. 2020년 7월, 알렉스는 홍콩의 새 국가보안법에 의해 체포되었습니다. 알렉스는 정치적인 견해를 온라인에 표현했는데, 새 법은 이를 금지하고 있어요. 알렉스와 동료들은 소셜 미디어에 올린 몇 개의 글 때문에 무기 징역을 선고받을 위기에 처해 있습니다.

알렉스는 10대 초반에 학생 모임에 들어가면서 활동을 시작했습니다. 모임은 시위와 집회를 진행했고, 포스터와 온라인 인포그래픽을 디자인하고 배포했습니다.

"학생 모임인 우리는 더 많은 사람들, 특히 젊은 세대가 사회에 무슨 일이 벌어지고 있는지 더 관심을 갖기를 바라면서 공개적으로 이야기하기 시작했습니다. 학생들은 미래에 대한 책임을 져야 합니다. 왜냐하면 미래는 우리의 것이기 때문입니다……. 고등학생들은 대체로 우리가 사는 사회, 여기 홍콩에 대해 잘 알지 못합니다."

"법이 통과됐을 때 저는 온라인에 올린 글이 너무 걱정됐어요. 정부의 처벌을 피하기 위해 스스로를 검열해 '불법'으로 간주될 수 있는 표현들을 쓰지 않았습니다. 페이스북과 인스타그램에 올린 친구들의 사진을 삭제했습니다. 저와 관련이 있다는 사실이 친구들에게 좋지 않은 영향을 미칠까 봐 걱정됐거든요. 하지만 결국 저는 학생 모임의 페이스북 페이지에 올린 글 때문에 체포되었습니다. 보석으로 풀려났을 때, 저는 며칠 동안 집에서 떨어진 곳에 머물렀습니다. 가족들의 영상이 찍히거나 가족들이 인터뷰를 당하지 않기를 바랐기 때문입니다. 저는 무기 징역을 직면할 준비가 되어 있지 않았습니다. 저의 권리를 행사했다는 이유로 이렇게 많은 대가를 치러야 한다는 사실을 상상도 하지 못했습니다."

"이 책의 독자들에게 전하는 저의 조언은 여러분의 디지털 신분을 보호하는 데 특별히 주의를 기울이는 것이 매우 중요하다는 사실입니다. 활동을 시작하기 전에 반드시 모든 위험을 체크해 보세요. 현재의 상황을 바꾸기 위해서는 학교나 사회에서 영향력 있는 사람이 되기 위해 열심히 공부하는 것도 중요합니다. 그럼에도 불구하고 변화를 만들기 위해서는 누군가가 희생을 해야 합니다. 단지 우리들 중에 한 사람이 일어나서 행동하면 충분합니다. 그러면, 나머지 사람들도 따를 것입니다. 홍콩 민주화 활동은 저에게 연대와 희망을 주었습니다. 저는 혼자가 아니라는 사실을 잘 알고 있습니다."

* 정부에 의한 처벌 위험으로부터 활동가의 신분을 보호하기 위해 알렉스라는 가명을 사용했습니다.

소수자와 선주민의 권리

여러분이 소수자나 선주민에 속한다면 여러분의 고유문화를 즐기고, 여러분의 종교를 믿고, 여러분의 고유 언어를 사용할 권리를 부정당해선 안 됩니다.

30조.

무슨 뜻인가요?

소수자나 선주민에 속하더라도, 여러분은 모든 다른 아동들과 동일한 권리를 지닙니다. 30조는 정부가 여러분을 차별하지 않고, 학교와 같은 기관이 여러분을 차별하지 않도록 할 의무를 부여했습니다. 누구도 여러분에게 혐오 발언을 해서는 안 됩니다.

여러분의 조상이 어떤 지역의 원주민이라면 여러분은 선주민입니다. 아마도 여러분은 고유한 언어, 지식 체계, 믿음을 지니고, 조상의 땅과 특별한 관계를 맺고 있을 것입니다.

여러분의 민족, 인종, 언어, 종교가 여러분 나라의 지배적인 집단과 다르다면 여러분은 **소수자**에 속합니다. '소수자'라는 용어가 언제나 수가 적다는 뜻으로 쓰이는 것은 아닙니다. 이는 권력이 있

143

는 사람들에 의해 억압과 차별을 받는 집단에 속한다는 의미입니다. 설령 여러분의 수가 적더라도 '다수자'가 여러분을 억압할 권리는 없습니다. 소수자로 지칭되는 대표적인 집단은 흑인, 여성, 이주민, 집시 등입니다. 대부분의 선주민들도 소수자입니다.

현실은 어떤가요?

전 세계적으로 약 5000개의 소수자 집단이 있고, 거의 모든 나라에 흩어져 있습니다. 선주민과 소수자 집단의 아동은 일상적으로 차별을 당합니다. 이들은 자신의 정체성을 억압당하고, 학교에서 자신들의 역사를 배우지도, 자신들의 언어를 자유롭게 말하지도 못하고, 문화적 전통을 향유하지 못할 수 있습니다. 수백 년 동안 소수자는 희생양이었으며 박해와 제노사이드의 피해자였습니다.

만일 여러분이 소수자라면, 여러분이 사는 나라의 다수자나 지배 집단은 여러분을 '다르다'고 생각할지 모릅니다. 여러분은 성장하면서 정부 정책에서 종종 배제당할 것입니다. 예를 들어 전 세계에서 학교를 다니지 못하는 아동의 절반 이상이 소수자이거나 선주민입니다. 이 경우 오랜 가난으로 이어질 가능성이 높습니다. 정부는 아마도 여러분의 필요에 큰 관심을 두지 않을 것입니다.

2017년부터 중국은 폭력적인 테러리즘에 강력히 맞서겠다고 선언했습니다. 그러나 실제로는 소수자들의 신념, 민족성, 문화를 표적으로 삼았습니다. 중국 북서부의 신장 자치구에 사는 위구르족과 투르크 무슬림 100만 명을 불법적으로 구금하고 투옥했습니다. 중국 국영 방송을 보지 않거나, '비정상적'인 수염을 기르거나, 베일 또는 두건을 쓰거나, 규칙적으로 기도를 하거나, 금식을 하거나 술을 마시지 않는 사람들은 '극단주의자'로 명명되었습니다. 아동들은 강제로 부모와 분리되어 나라에서 운영하는 아동 복지 시설이나 기숙사에 보내졌습니다. 아동이 부모에게 연락하는 것은 금지되고 다른 권리들도 침해당했습니다. 자신들의 언어를 말할 수 없고 문화적 유산에 대해서도 알 수 없었습니다. 이에 대해 발설하는 사람은 누구든지 심한 처벌을 받는 등 정부가 엄격히 통제하고 감시했기 때문에 얼마나 많은 아동이 피해를 입었는지는 알려지지 않았습니다.

지난 세기 동안 약 400개의 소수 언어가 사라졌습니다. 일반적으로 언어는 지배 집단이 사용하는 언어에 의해 대체될 때 위기를 맞습니다. 사회를 지배하는 언어를 사용하는 것이 교육과 일자리 그리고 다른 기회들을 얻는 데 필수적인 것이 되지요. 어떤 부모들은 자녀의 삶에 방해가 된다는 이유로 자신들의 계승어를 자녀에게 가르치지 않습니다. 소수 언어를 말하는 사람이 박해를 받는다면 상황은 훨씬 악화됩니다.

언어는 인간됨과 복잡하게 연결되어 있기 때문에 중요합니다. 여러분의 언어는 여러분의 인격과 깊이 얽혀 있습니다. 언어는 세상의 다른 어느 곳에도 없는 독특한 전통, 노래, 고유한 지식, 경험을 소통할 수 있는 유일한 수단입니다. 언어와 문화가 죽으면 인류는 돌이킬 수 없는 손실로 고통받을 것입니다. 현재 사멸하기 일보 직전인 언어가 570개가 넘고, 이미 사멸했거나 사멸한 것과 다름없는 언어는 수천 개에 달합니다. 이러한 언어는 미국에 가장 많습니다.

여러분이 소수자거나 선주민이라면 교육을 받을 권리도 행사하기 어려울 수 있습니다. 이런 일은 오랫동안 반복돼 왔습니다. 18세기부터 20세기까지 웨일스에서는 학교에서 영어(식민 지배국의 언어)가 아닌 웨일스어로 말하면 처벌했습니다. 학생들은 '웨일스어 금지'라고 새겨진 나무 조각을 목에 걸어야 했습니다. 수십 년에 걸친 투쟁의 결과로 웨일스의 모든 학교에서 웨일스어는 필수 과목이 되었습니다. 이제 웨일스 인구의 거의 4분의 1이 웨일스어를 합니다.

체코 공화국의 소수자 그룹인 로마족 아동들은 학교에서 일상적으로 차별을 당했습니다. 로마족 아동들은 따로 떨어진 학교 건물이나 로마족만 모여 있는 교실에서 수업을 받았습니다. 그들은 소수자 그룹에 속한다는 이유로 '경미한 정신 장애'를 가진 것으로 간주되었습니다. 여러 민족이 함께 다니는 학교에서 로마족 아동들은 종종 괴롭힘과 따돌림을 당했습니다.

1837년 영국 정부는 영국 식민지에 사는 선주민들에게 '동화'를 강요했습니다. 동화의 목표는 열등하다고 간주되는 식민지의 문화와 언어를 없애는 것이었습니다. 캐나다, 호주, 뉴질랜드에서는 기숙 학교가 만들어졌습니다. 미국은 더 이상 영국의 식민지가 아니었지만, 영국은 미국의 선주민에게도 똑같이 했습니다. 기숙 학교는 선주민 아동들을 강압적으로 유럽 문화에 동화시켰습니다.

많은 아동들이 수년 동안, 심지어는 평생 가족을 보지 못했습니다. 아동들은 모국어를 말하거나 자신들의 전통을 따른다는 이유로 처벌을 받았습니다. 그들은 수시로 신체적·성적인 학대를 당했습니다. 일부는 의학 실험과 불임 수술의 대상이 되었습니다. 강제적인 생식 능력 제거는 거의 150년 동안 계속됐습니다. 미국 선주민 부모들은 1978년이 되어서야 자녀들의 기숙 학교 입학을 거부할 수 있는 법적 권리를 얻었습니다.

영국의 동화 강요가 선주민 공동체에 지속적으로 미친 영향은 상당했습니다. 수천 명의 아동이 사망했고 생존한 아동의 경우, 가족, 전통, 문화적 정체성을 잃었습니다. 캐나다 정부는 기숙 학교 시스템이 문화적 제노사이드라고 공식적으로 인정했습니다.

권리를 위한 투쟁

행동하기

선주민과 부족민은 지구 땅 면적의 약 25%에 걸쳐 살고 있습니다. 이 땅은 생물 다양성이 풍부하고, 식물과 동물의 80%가 살고 있습니다. 이 지역은 기후 변화와 독성 폐기물에 매우 취약합니다. 선주민 지역을 보호하는 것은 인권과 아동권리뿐 아니라 지구를 지키기 위한 투쟁의 핵심입니다.

토카타 아이언 아이즈는 미국의 스탠딩 록 수 부족의 일원입니다. 그녀는 9살 때 신성한 검은 언덕에 우라늄 탄광을 건설하는 것에 맞서 증언했습니다. 12살 때는 다코타 송유관 건설 반대 활동에 대한 지지를 호소하는 영상에 출연했습니다. 그녀는 "우리의 물, 땅, 사람들을 존중해 주세요. 우리와 함께 청원에 동참해 주세요." 라고 말했습니다. 이 캠페인으로 국내외 수천 명의 사람들이 스탠딩 록에 방문해 송유관 건설에 반대하는 시위에 참여했습니다. 이 시위는 거의 1년간 지속됐습니다. 결국 송유관은 설치됐지만, 부족은 투쟁을 계속했습니다.

2020년, 16살의 토카타는 새로 결정된 지속 가능한 에너지 단체인 '고유한 에너지'의 위원회에 합류했습니다. 그녀는 지구와 선주민 권리를 위한 활동을 계속하고 있습니다.

❝ 신념에 따라 살며,
세계의 고통을
인지한다면 여러분은
이미 변화의
일부입니다. 자신을
믿으세요. 그리고
목소리를 높이세요."

행동하기

호주의 교사 연수와 교육 과정은 백인 정착자들의 언어, 역사, 문학, 수학, 과학, 문화로 가득합니다. 선주민 아동들에 관한 내용이 거의 없어서 호주 선주민과 토레스 해협 섬의 아동들은 자존감과 소속감을 느끼기 어렵습니다. 어떤 선주민 학생들은 이에 항의하며 분노를 표현했지만 이런 학생들은 지지를 받는 대신 경찰이나 아동 복지 시스템에 의해 감시받았습니다.

차별은 학교 밖에서도 발생합니다. 호주의 10~17세 아동 중 선주민의 비율은 6%이지만, 감옥에 갇힌 아동의 54%를 선주민이 차지합니다. 선주민 아동이 감옥에 갈 확률은 선주민이 아닌 아동보다 25배 더 높습니다. 선주민 아동들은 1인실 감금, 결박 의자, 얼굴 덮개, 최루 가스, 인권 침해적인 몸수색 같은 학대와 고문을 당합니다.

66 *제가 원하는 것은 저 자신으로 사는 평범한 삶입니다.*
저 자신이라는 말은 선주민이고 싶다는 뜻입니다."

　호주의 아렌테와 가르와 부족 출신 두주안 후산은 자신의 문화
에 강한 애착을 가지고 있습니다. 그는 3개의 언어를 말할 수 있
고, 치료사이며, 마을에서 중요한 역할을 맡고 있습니다. 하지만
그가 선조들에게서 물려받은 기술과 지식은 호주 학교 교육에 포
함되지도 않았고, 가치를 인정받지도 못했습니다. 그는 학교에
서 거부당했고, 투옥 위협을 받는 등 심각한 차별을 당했습니다.
2020년, 그가 사는 호주 북쪽 지역에서 감옥에 갇힌 아동은 전부
선주민이었습니다.

　두주안의 삶은 「내 피 속에 흐른다(*In My Blood It Runs*)」라는
다큐멘터리를 통해 소개되었습니다. 2019년, 12살의 두주안은 제
네바로 가서 유엔인권이사회와 유엔아동권리위원회에서 최연소
의 나이로 연설했습니다. 그는 호주가 사법적 책임 연령을 10세에
서 14세로 올려야 한다고 주장했습니다. 형사 처벌을 받을 뻔했던
자신의 경험을 나누고, 호주에 선주민들이 주도하는 교육 시스템
이 도입될 필요성에 대해 이야기했습니다.

❝ 어른들은 절대 아이들의 말을 듣지 않습니다. 특히 저 같은
아이요. 하지만 저희들도 중요한 할 말이 있습니다.”

두주안의 이야기는 그의 연설과 다큐멘터리 상영을 통해 수천
번 공유되었습니다. 그는 호주가 선주민 아동과 공동체에 다시 관
심을 가지도록, 그리고 아동이 자신들에게 영향을 미치는 모든 결
정에 참여할 권리가 있다는 사실을 더 잘 이해하도록 도왔습니다.

교육

여러분은 성격, 재능, 능력을 개발시키기 위해 교육을 받고 학교생활을 할 권리를 지닙니다. 여러분은 정보와 안내를 받을 권리를 지니며 여러분의 권리를 알 권리를 지닙니다.

13, 17, 28, 29, 42조.

무슨 뜻인가요?

여러분은 교육을 받아야 합니다. 교육은 여러분의 개인적 발달에 반드시 필요하고, 빈곤에서 벗어날 수 있는 열쇠입니다. 교육은 포용적이고, 지속 가능하며, 발전하는 사회를 만드는 데 일조합니다. 초등 교육은 의무이고, 무료이며, 모든 아동이 접근할 수 있어야 합니다. 모든 정부는 중등 교육 및 직업 교육을 무상으로 제공할 방법을 모색해야 합니다. 학교의 규율은 여러분의 존엄을 존중하는 방식으로만 시행되어야 합니다. 여러분은 학교에서 체벌을 받으면 안 됩니다. 협약에 따르면, 여러분은 모든 사람들과의 관계에서 평화, 관용, 평등, 우정을 배워야 합니다.

현실은 어떤가요?

1989년 유엔아동권리협약이 채택되었을 당시, 1억 2000만 명의 아동이 초등 교육을 받지 못했습니다. 상황이 상당히 개선돼이 숫자는 2017년 6400만 명 이하로 감소했습니다. 하지만 2019년에도 5명 중에 1명의 어린이와 청소년이 초등학교에 가지 못했습니다. 여성들은 입학조차 하지 못하는 경우가 많았습니다. 유엔은 2030년까지 보편적인 초등 교육 실현을 목표로 설정했습니다.

전 세계적인 코로나19 팬데믹으로 2020년에 약 10억 명의 어린이와 청소년이 학교에 가지 못했습니다. 전문가들은 약 1000만 명의 아동이 학교로 돌아가지 못할 것으로 예상했습니다. 여러분이 교육을 받지 못하면 미래의 전염병을 해결하기 위해 필요한 간호사, 의사, 과학자, 보건 전문가가 부족해질 것입니다.

초등 교육은 모든 아동에게 무상 의무 교육이 되어야 합니다. 하지만 학교에 갈 수 있다는 것이 곧 질 좋은 교육을 받을 수 있다는 의미는 아닙니다. 학교 건물이 낡고, 위생 시설은 미흡하고, 교실은 혼잡하고, 훈련된 교사나 자원이 부족하다면 공부하기가 쉽지 않을 것입니다. 사하라 이남 아프리카에서는 초등학교와 중학교 (약 12~15세를 위한 학교)의 절반 이상이 마실 물, 전기, 컴퓨터,

인터넷을 제공하지 못합니다. 이러한 현실을 고려하면, 전 세계의 청소년 중 약 6억 1700만 명이 문해력과 수학에서 최저 수준에도 도달하지 못한다는 사실은 놀랍지 않습니다.

또한 여러분이 배고프고, 아프고, 학교 밖에서 일하느라 지쳤다면 공부하기 어렵습니다. 학교에 가는 데만 몇 시간씩 걸어야 한다면, 학교 가는 길에 지뢰밭을 헤매거나 여러분에게 해를 끼치려는 사람을 피해야 한다면 더욱 힘듭니다. 여러분은 전쟁에서 살아남기 위해 고군분투하느라 학교에 가지 못하는 2700만 명의 아동 중 한 사람일 수 있습니다.

아동이 학교로부터 거부당하는 이유는 다양합니다. 여러분이 장애가 있거나 소수 민족 출신이라면 교육을 받기가 훨씬 힘들 것입니다. 44%의 나라에서 성차별로 인해 여성들이 남성들과 동일한 초등 교육을 받지 못합니다. 만일 여러분의 집이 가난하다면 부유한 가정의 자녀와 비교해 학교에 다니지 못할 확률이 거의 5배 높습니다. 2016년 유니세프의 보고서에 따르면, 여러 나라에서 가난한 가정의 아동보다 부유한 가정의 아동이 교과서를 비롯한 공공 교육 자료에 18배나 더 많이 접근할 수 있다고 합니다.

여러분은 또한 여러분의 권리를 알 권리를 지닙니다. 이것이 우리가 이 책을 쓴 이유입니다. 하지만 어떤 학교는 비판적인 사고보다 기계적인 암기 같은 형식적인 교육을 우선시합니다. 비판적인 사고와 질문하는 능력을 기르는 것은 여러분이 진실을 찾는 데 도움을 줍니다. 이를 통해 여러분은 권리를 더 잘 알고 주장할 수 있습니다.

> 책에 등장하지 않는 것은 배움과 발전에 있어서 또 하나의 걸림돌로 작용합니다. 리플렉팅 리얼리티는 영국에서 출판되는 어린이책에 대한 보고서로, 매년 발행됩니다. 영국 학생 중 33%가 소수 인종이지만 2017년부터 2019년 사이에 출간된 어린이책의 7%에만 소수 인종 인물이 등장했습니다. 이야기는 교육과 더 나은 삶의 기회를 위해 매우 중요합니다. 이야기는 생각의 자유를 키워 주고 평등과 정의가 번성하는 데 도움을 줍니다. 아동이 자신에 관한 이야기를 책에서 찾을 수 없다면 독서나 공부에 대한 관심이 줄어들 것입니다.

권리를 위한 투쟁

행동하기

2002년, 인도 서벵골에 사는 9살 바바 알리는 마을 아이들에게 공부를 가르치기 시작했습니다. 일하느라 학교에 가지 못한 마을 아이들에게 자신이 학교에서 배운 것을 매일 나눴습니다. 그의 집 뒷마당이 학교가 되었습니다. 지붕도, 앉을 자리도 없어서 비가 오면 수업을 취소해야 하는 환경이었지만, 아이들은 비를 맞으며 수업을 들었습니다. 처음에는 놀이처럼 시작되었지만 수업은 곧 진지해졌습니다. 바바의 부모님은 교육받을 권리를 지지했지만, 다른 부모들, 특히 딸을 가진 부모들은 교육의 필요성을 의심했습니다. 2015년, 바바의 뒷마당 학교는 매우 커져서 장소를 옮겨야 했습니다. 서벵골

교육부에서도 바바의 뒷마당 학교를 알게 되었습니다. 이제 바바의 뒷마당 학교에는 더 많은 진행 요원이 참여하고 있습니다. 바바의 뒷마당 학교는 2020년까지 가난한 가정의 아동 약 5000명(남성 60%, 여성 40%)을 무상으로 가르쳤습니다.

> **❝** 제 또래의 아이들이 학교가 아니라
> 일터에서 집으로 돌아오는 것을 봤습니다.
> 저는 우리 집 뒷마당에 그들을 앉게 하고
> 공부를 가르쳤습니다.
> 제가 교장이었죠. 저는 포기하지 않았습니다.
> 필사적으로 싸웠습니다.
> 제가 이 학교를 만들었을 때 부모들은 자녀들을 교육시키는

것에 대해 매우 회의적이었습니다. 부모들이 교육을
받은 적이 없기에 교육의 가치를 알지 못했던 것입니다.
우리는 집집마다 방문해 부모들이 자녀를
뒷마당 학교에 보내도록 설득했습니다.
이제 학생들은 대학에 다니기 시작했습니다.
일부는 우리 학교에서 교사가 되어 가르치고 있습니다."

행동하기

1990년대부터 파키스탄과 아프가니스탄의 일부는 강경 이슬람 무장 단체인 탈레반의 지배를 당했습니다. 2007년부터 2009년까지 탈레반은 파키스탄 북부에 있는 스와트 밸리를 목표로 삼았습니다. 여성들에게 교육을 금지하고 학교에 폭탄을 던졌으며 여성들이 집 밖으로 나오지 못하게 했습니다.

> ❝ 만일 1명의 여자아이가 세상을 바꿀 수 있다면,
> 1억 3000만 명의 여성은 무엇을 할 수 있을까요?"

스와트 밸리의 11세 말랄라 유사프자이는 여성들의 교육받을 권리에 대해 이야기했습니다. 평화와 보호를 위해 긴급 행동이 필요하다는 것을 지역과 국제 언론에 알리기 위해 BBC 블로그에 익명으로 글을 썼습니다. 그녀가 사는 지역이 위기에 처해 도움이 절

157

실히 필요해지자 행동을 시작
했습니다. 말랄라는 계속 교육
을 받고 싶었고, 다른 여성들도
그럴 수 있도록 돕고 싶었습니
다. 말랄라와 아버지 지아우딘
유사프자이는 국제적으로 언론
의 관심을 받았고 공로를 인정
하는 상을 받았습니다.

　2012년, 15살의 말랄라는 발언
을 이유로 탈레반이 쏜 총에 머리를 맞았습니다.
여성는 파키스탄과 영국에서 치료를 받고 회복했습니다. 그녀는
여성들을 위한 싸움을 계속했습니다. 교육에 대한 그녀의 외침은
전 세계적인 활동으로 확장되었습니다. 파키스탄에서는 여성들이
보편적으로 교육을 받을 수 있도록 하는 교육 권리법 제정 청원에
200만 명 이상이 서명했습니다. 또 국회는 파키스탄 최초의 무상
의무 교육 권리에 관한 법안을 비준했습니다.

　2013년, 말랄라는 아버지와 함께 말랄라 기금을 설립했습니다.
여성들이 12년 동안 무상으로 안전하고 질 좋은 교육을 받을 수
있도록 활동하는 비영리 단체입니다. 다음 해, 말랄라는 공로를
인정받아 최연소의 나이로 노벨평화상을 수상했습니다. 당시 그
녀는 17세였습니다. 그녀는 옥스퍼드대학교에 진학해 철학, 정치

학, 경제학을 전공했습니다.

학교에 다니지 못하는 전 세계 1억 3000만 명의 여성들과 함께 하기 위해, 모든 여성이 배우고 주도할 수 있는 미래를 위해 말랄 라는 그녀의 삶을 바치고 있습니다.

행동하기

하이디 쿠아는 학생이던 16살에 말레이시아 페탈링자야에 위치한 난민 학교에서 자원봉사를 시작했습니다. 그곳에서 그녀는 난민 학교 아이들의 가족들이 얼마나 많은 어려움을 겪어야 했는지 알게 되었습니다. 그리고 같은 나라에서 살고 있음에도 삶과 교육에 대한 자신의 기

대가 난민들과 얼마나 다른지를 깨달았습니다. 난 민 학교의 기금이 고갈될 위기라는 사실을 알게 되자 그녀는 난민 들이 기본적인 교육을 받도록 돕는 비영리 단체를 설립했습니다.

하이디는 8년 만에 말레이시아 전역에 10개, 미얀마 전역에 25개 의 난민 학교를 세웠습니다. 2000명 이상의 아동이 하이디가 세운 학교에서 리더십을 비롯한 교육을 받았습니다. 지금 그녀의 업무

는 더 많아졌습니다. 이제 하이디는 공동체에서 착취당하거나 권리를 침해당한 취약한 사람들에게 전반적인 지원을 제공하고 있습니다. 그녀는 정부와 일하면서 취약한 사람들이 건강 관리, 안전, 보호를 받을 수 있도록 정의를 위해 노력하고 있습니다.

> **66** 저는 특권이란 크고 근사한 차, 좋은 집, 가족들과의
> 호화로운 휴가라고 생각하며 자랐습니다.
> 하지만 공동체와 함께 일하기 시작하면서
> 교육을 받을 수 있고, 머리 위에 지붕이 있고,
> 집 밖으로 나올 수 있고, 나의 안전과 다음 끼니를 걱정할
> 필요가 없는 것이 바로 특권이라는 사실을 알게 되었습니다.
> 저는 저의 공동체가 기본적인 인권을 누리게 하기 위해
> 제가 가진 어떤 작은 자원이라도 활용하기로 결심했습니다.
> 18세 때 제가 가진 특권을 이해하게 되면서 난민을 위한
> 피난처를 세워야겠다는 생각을 하게 됐습니다."

놀이

여러분은 놀고, 쉬고, 친구를 선택하고, 생각을 나누고, 문화와 예술 활동을 즐길 권리를 지닙니다.

31조.

무슨 뜻인가요?

모든 아동의 삶의 중심에는 놀 권리가 있습니다. 놀이는 게임과 스포츠를 비롯해 연극, 춤, 미술, 음악, 시와 같은 창의적인 활동을 포함합니다. 이는 여러분이 의견을 말하고 주체적으로 행동할 권리를 지지합니다. 또한 여러분의 건강 및 안녕에 필수적입니다.

놀 권리는 신체, 지능, 사회성과 감정 등 모든 방면에서 여러분의 발달을 돕습니다. 또한 놀 권리는 자기표현의 한 형태입니다. 놀 권리는 주위의 세상을 경험하고 탐험하는 창의적인 방식이며 삶에 필요한 기술을 발달시키는 방법입니다. 행동을 조절하고, 위험을 관리하며, 안전을 유지하고, 결정을 내리는 방법을 배우는 데 도움을 줍니다. 놀 권리는 통합적입니다. 친구를 사귀고, 소통과 경청하는 법을 배우는 최고의 방법이지요. 많은 놀이가 문화적 전

161

통에 기반하고 있기 때문에 놀이를 통해 여러분의 정체성을 형성하고 이해할 수 있습니다. 놀이는 재미있고, 창의적이고, 자발적이고, 유연하며 생산과 상관없습니다. 놀이는 여러분을 도전하게 하지만 여러분의 긴장을 풀어 주기도 합니다. 놀이는 장난감을 가지고 노는 것만을 의미하지 않기 때문에 꼭 장비가 필요한 것은 아닙니다. 놀이는 여러분의 생각과 상상력이 성장하게 해 줍니다. 이는 더 좋은 세상을 만드는 데 필수적입니다. 여러분이 성장함에 따라 여가를 즐기고 친구와 소통하는 방식은 변할 것입니다. 하지만 놀이는 여전히 중요합니다.

이 권리는 모든 아동이 안전한 환경에서 놀고, 쉬고, 긴장을 풀고, 운동, 문화, 예술 활동에 참여할 기회를 제공해야 하는 의무를 정부에 부여했습니다.

현실은 어떤가요?

어른들은 놀이를 다른 교육보다 덜 중요하고 불필요한 사치라고 생각해 놀 권리를 제한하기도 합니다. 그러나 아동들은 노는 시간이 더 많아지기를 바란다는 사실이 여러 나라에서 보고되고 있습니다.

많은 어린이가 좋은 친구들을 사귀고, 실외에서 다양한 활동을 하면서 안녕과 행복을 느낀다고 말합니다. 하지만 여기에는 장벽이 많습니다. 기본적으로, 붐비는 도로 옆에서 노는 것, 공해, 괴롭힘, 차별 같은 위험이 있습니다. 어떤 어른들은 노는 것이 여러분의 평생의 배움과 발달에 얼마나 중요한지를 모릅니다. 학교는 노는 시간이나 실외 활동보다 공식적인 수업에 집중하는 경향이 있습니다. 방과 후 시간에 지역 아이들이 학교 운동장을 사용하지 못하게 하는 학교도 있지요.

대부분의 도로는 어린이를 고려하지 않은 채 만들어졌기 때문에 도로 상황은 아동 친화적이지 않고 위험합니다. 세계보건기구에 따르면 2018년에 전 세계 5세에서 29세 사이의 아동과 청년의 주요 사망 원인이 교통사고였습니다. 시끄럽고 위험한 도로에서는 놀기도 어렵고 혼자 활동하기도 위험합니다. 이는 여러분의 몸과 마음 건강에 해로울 뿐 아니라 인지(생각하는) 능력에도 나쁜 영향을 미칩니다. 이것들은 대체로 예방할 수 있는 문제입니다.

2020년 글로벌 도시 디자인 이니셔티브는 '아동을 위한 도로 디자인'을 제안했습니다. 도시의 거리를 디자인할 때 사람을 최우선으로 삼고, 특히 아기와 어린이 및 이들을 돌보는 어른들의 구체적인 필요에 초점을 맞추어 접근하자는 내용이었습니다. 알바니아를 비롯해 여러 나라가 이 제안을 받아들였습니다. 알바니아의 수도 티라나에서는 지역 아동들의 의견을 수렴해 차로 가득한 스칸데르베그 광장을 아동

친화적인 공간으로 만들었습니다. 차가 많고 위험한 환경이었던 광장은 훨씬 안전한 공간으로 탈바꿈했습니다. 차 없는 날에는 사람들이 걷거나 자전거를 탈 수 있게 되었습니다.

만일 여러분이 학대, 분쟁, 빈곤 등으로 인해 고군분투하며 권리를 보장받기 힘든 삶을 살고 있다면 창의적인 놀이는 더욱 중요합니다. 놀이가 여러분이 스트레스를 이겨 내고 회복할 수 있도록 도움을 주기 때문입니다.

정부가 어린이의 의견을 표명할 권리를 존중하면, 누구나 놀 권리를 평등하게 누리는 데 긍정적인 영향을 줄 수 있습니다. 예를 들어 웨일스와 스웨덴은 새 놀이터를 만들 때 어린이들의 의견을 들었습니다. 장애가 있는 어린이도 다른 어린이들과 똑같은 권리를 누릴 수 있도록 누구나 탈 수 있는 그네를 설치했습니다.

권리를 위한 투쟁

행동하기

파라과이의 수도 아순시온의 외곽에 카테우라라는 마을이 있습니다. 카테우라는 파라과이에서 가장 크고 가난한 슬럼 지역으로 거대한 덤프트럭이 쓰레기를 버리는 매립지입니다. 약 4만 명의 사람이 극심한 가난 속에서 살고 있습니다. 물은 오염됐고, 오물이 거리로 넘치고, 강은 자주 범람합니다. 고약한 냄새가 코를 찌르고 동식물도 거의 살지 못합니다. 쓰레기는 이 지역의 주요 수입원으로 삶을 꾸리는 방법입니다. 이 지역의 아이들 중 40%는 가족을 위해 일을 하느라 학교를 마치지 못했습니다. 2006년, 생태 공학을 전공하고 음악을 배운 한 학생 덕분에 마을 어린이들과 청소년들이 음악을 접하게 됐습니다. 쓰레기 줍는 사람들의 도움을 받아 쓰레기를 악기로 개조했고, 파라과이 재활용 청소년 오케스트라를 만들었습니다. 악기는 쇠갈퀴, 엑스레이 필름, 파이프, 동전, 나무 조각들로 만들어졌습니다. 오케스트라는 이제 국제적인 무대에서 공연합니다. 음악과 창의적인 놀이가 이 아동들의 삶을 완전히 바꿔 놓았습니다.

행동하기

 전쟁 때문에 트리폴리의 이미지는 분쟁과 폭력 같은 나쁜 것만 남은 것 같아요. 지금 우리는 협동하는 법, 갈등에서 벗어나 서로를 돕는 법을 배우기 위해 축구를 한답니다."

세드는 레바논에 사는 17세 난민입니다. 그는 트리폴리 바로 밖에 위치한 알 큐오베라고 불리는 비공식 정착지에 살고 있습니다.

알 큐오베는 팔레스타인, 시리아, 레바논 난민들의 집입니다. 이곳에서의 삶은 고달픕니다. 세드는 어린 시절 따돌림을 당했습니다. 세드는 11살 때 국제 단체 '놀권리'가 운영하는 발달 프로그램에 합류했습니다. 스포츠를 통해 아이들을 하나로 모으고 협동을 가르치는 프로그램이었지요. 효과는 매우 컸습니다. 프로그램은 그의 트라우마를 치유하는 데 도움을 주었습니다. 가난하고 어려운 환경의 아이들을 돕고 싶었던 세드는 축구 코치가 되어 프로그램에서 배운 기술을 가르치고 있습니다.

2019년 초에는 겨우 10명이 그의 수업에 참여했지만 숫자가 계속 늘어 2020년에는 참석자가 30명이 넘었습니다.

사상의 자유

타인의 권리와 사회의 안전, 안보, 건강을 침해하지 않는
한 여러분은 사상, 양심, 종교의 자유를 지닙니다. 여러분은
어떤 신념이든 따르거나 따르지 않는 것을 선택할 수 있습
니다. 부모님은 여러분에게 이를 알려 줄 권리를 지닙니다.

14조.

무슨 뜻인가요?

이는 참여권 중의 하나로 표현의 자유와 밀접하게 연관됩니다.
자녀가 잘못되는 일이 없도록 부모가 성장기에 있는 자녀를 이끌
어 줄 수 있다는 점에서 아동의 사상의 자유는 어른에 비해 제한
적입니다. 하지만 협약은 어린이와 청소년의 사상, 양심, 종교의
자유를 명확히 인정하고 있습니다. 협약은 여러분이 종교로 인해
또는 무신론자라는 이유로 차별받아선 안 된다고 말합니다. 이 권
리는 여러분에게 지적, 영적 자유를 제공하여 여러분의 마음이 성
장하고 발달할 수 있게 합니다. 또한 병역, 육식, 음주 같이 여러분
이 동의하지 않는 행위를 거부할 수 있도록 합니다. 무신론자라면

167

종교적인 의식에 참여하지 않는 것도 여러분의 권리입니다. 이 권리는 여러분이 더 나은 세상을 상상하고 만들 수 있는 기반이 됩니다.

이 권리는 또한 여러분의 공동체에 있는 모스크, 교회, 유대교 회당, 절과 같은 종교적이며 영적인 공간의 역할을 알려 줍니다. 이 공간들은 여러분이 도덕적 가치를 배우고 친구를 사귈 수 있는 중요한 장소일 수 있습니다. 종교 공동체는 여러분이 한 집단에 속한다는 소속감을 지닐 수 있도록 돕습니다. 이는 여러분이 세상의 일부라고 느끼는 데 도움이 될 수 있지요.

현실은 어떤가요?

누구도 어떤 종교를 믿거나 혹은 믿지 않는다고 해서 차별을 받아서는 안 됩니다. 그러나 종교적 소수자들은 사회에서 가장 취약한 사람들에 속합니다. 어떤 경우 종교는 문자 그대로 삶과 죽음의 문제가 됩니다. 전 세계에서 종교가 다르다거나 개종했다거나 무신론자라는 이유로 박해가 가해지고 있습니다. 박해는 종종 정치적 동기, 야망, 공격, 탐욕에 의해 추동됩니다.

80% 이상의 사람들이 신앙에 대한 제약이 있는 나라에서 살고 있습니다. 여러분의 민족 정체성과 연관된 종교가 있으며, 여러분

이 소수 민족이라면, 여러분의 처지는 더욱 취약할 수 있습니다. 많은 아동이 종교나 신앙 때문에 학교에서 차별을 당합니다. 예를 들어 히잡을 쓰거나 십자가를 걸고 있다는 이유로 가해지는 괴롭힘이 묵인된다면, 이는 금방 심각한 문제로 번질 수 있습니다. 수 세기 동안의 유대인에 대한 편견과 증오를 바탕으로 한 반유대주의에 의해 홀로코스트(25쪽 참조.)가 일어났습니다. 1933년부터 독일 나치당은 선전, 박해, 입법을 이용해 유럽 대륙 전역에 살고 있는 유대인들의 인권과 시민권을 부정했습니다. 1945년까지 나치는 600만 명의 유대인뿐 아니라 나치의 이데올로기에 반하는 종교를 믿거나 정체성을 지닌 이들도 살해했습니다.

제노사이드는 어떤 나라, 민족, 인종, 종교 집단에 속한 사람들을 고의적으로 말살하려는 시도입니다. **반인도적 범죄**는 광범위하고 조직적이며 계획된 공격의 일환으로 민간인에게 자행되는 살인, 강간, 박해와 같은 범죄를 포함합니다.

신앙의 자유와 평화적 결사 및 표현의 자유(타인과 만나고 자신을 표현하는 권리)는 긴밀하게 연결되어 있습니다. 그러나 이들과 다른 권리들 사이에는 종종 긴장이 있습니다. 예를 들어 어떤 종교는 동성애를 억압합니다. 많은 종교가 성평등을 억압합니다. 신앙의 권리가 억압의 도구로 오용될 수 있는 것입니다.

파키스탄에서 신성 모독법은 종종 죄가 없는 종교적 소수자를 박해하기 위해 이용됩니다. 림샤 마시흐는 기독교를 믿는 여자아이로 학습 장애가 있습니다. 2012년, 이웃의 한 성직자가 신성 모독을 이유로 14세의 림샤를 고발했습니다. 성직자는 그녀가 쿠란 몇 장을 태웠다고 말했습니다. 장애가 있는 아동이었음에도 불구하고 경찰은 그녀를 체포하고 기소했습니다. 3개월간 언론의 관심에 시달린 끝에 이슬라마바드 고등 법원은 림샤가 아무 증거도 없이 혐의를 받았다고 밝히며 고소를 기각했습니다. 그러나 이후에도 위협이 지속되어 림샤와 가족은 캐나다로 망명했습니다.

권리를 위한 투쟁

행동하기

1992년, 동유럽 보스니아 공화국이 유고슬라비아로부터의 독립을 선언했습니다. 당시 보스니아에는 서로 다른 민족들이 함께 살았습니다. 대부분 보스니아 무슬림으로 구성된 나라가 세워지는 것에 대해 보스니아 세르비아인들은 격렬히 반대했습니다. 이들은 무슬림 인구를 '청소'하고 영토를 차지하기 위해 전쟁을 일으켰습니다. 정치적 우위를 점하기 위해 그들은 전쟁 범죄를 벌일 준비를 했고, 후에 '**인종 청소**'라고 이름 붙여진 민족 대학살을 자행했습니다. 내전은 1992년부터 1995년까지 계속됐고 홀로코스트 이후 유럽에서 처음으로 제노사이드가 벌어졌습니다. 약 10만 명이 살해당했고 이들 중 80%가 보스니아 무슬림이었습니다. 200만 명 이상의 남성, 여성, 아동이 고향에서 쫓겨났습니다.

즐라타 필리포빅은 그때 당시 10살의 보스니아 어린이였습니다. 그녀는 사라예보에서 벌어진 전쟁 중의 일상을 일기로 남겼습니다. 평소에는 신경도 쓰지 않았던 민족이나 신앙으로 인해 친구와 가족들에게 갑자기 꼬리표가 붙는 과정을 묘사했습니다. 그녀의 일기는  책으로 만들어져 전 세계에 36개의 언어로 출판됐습니다.

즐라타는 성인이 되어 전문 작가이자 영화 제작자가 되었습니다. 그녀는 자신의 어린 시절에 대해 다음과 같이 말했습니다. "사라예보가 포위된 상황에서 어린 시절을 보내야 했던 제게 큰 도움을 준 위대한 도구가 글쓰기였습니다. 판단하지 않고 들어주는 하얀 종이에 저의 생각과 감정을 적을 수 있었습니다. 저는 머리와 마음속에 뒤죽박죽인 무언가를 표현할 수 있는 단어를 찾아야 했

습니다. 글쓰기는 힘들었던 그때(그리고 이후로도!) 정말 큰 위로
가 되었습니다.

행동하기

16살 로지아 비비는 세계에서 가장 큰 난민 정착지인 방글라데
시의 콕스 바자르에서 어머니와 살고 있습니다. 로지아는 미얀마
의 로힝야족 무슬림입니다. 그녀의 아버지는 미얀마의 폭력적인

로힝야족 '인종 청소'로 인해 살해당했습니다. 로힝야족 '인종 청소'는 2017년에 시작되어 70만 명의 사람들이 국경을 넘어 방글라데시로 탈출하도록 만들었습니다. 다수가 불교를 믿는 미얀마에서 정부는 로힝야족 무슬림에게 극단적이고 심각한 권리 위반을 저질렀습니다. 로힝야족은 소수자 집단이면서 미얀마에서 가장 많은 무슬림 비율을 차지하는 민족입니다.

콕스 바자르의 로힝야족 난민 중의 절반 이상이 여성들입니다. 극단적인 빈곤으로 인해 많은 여성들이 조혼과 출산을 (때로 폭력에 의해) 강요받습니다. 로지아의 어머니 안와라 베굼은 어떻게든 딸을 보호하기 위해 보석을 팔아 재봉틀을 샀습니다. 로지아와 어머니는 캠프에서 재단사로 일하며, 다른 여성들이 강제 결혼에 내몰리지 않도록 재봉을 가르치고 있습니다. 로지아는 모든 로힝야족 아동들이 교육받을 권리를 누리기를, 교육을 통해 기술을 습득하고 독립적이며 밝은 미래를 얻게 되기를 바라고 있습니다.

목소리와 평화적 시위

여러분은 표현의 자유, 평화적 집회와 결사의 자유를 지닙니다. 여러분은 정보를 찾고 제공받을 권리가 있습니다.

13, 15조.

무슨 뜻인가요?

이는 여러분이 자신의 생각을 표현하고, 참여하고, 존중받을 권리에 대한 협약의 기본 원칙에 근거합니다. 언론의 자유를 포함한 표현의 자유는 예술 등 모든 방법을 사용하여 모든 종류의 정보와 아이디어를 찾고, 얻고, 공유할 권리가 있다는 의미입니다. 자신의 생각을 표현할 수 있다는 뜻이지요. 여러분은 방해받거나 검열받아서는 안 됩니다. 여러분은 평화적 시위에 참여할 수 있고, 다른 사람들과의 연대 활동을 통해 목소리를 낼 수 있습니다.

'평화적 집회'는 평화적 시위를 위해 친구들을 비롯한 다른 사람들과 함께 모일 권리를 지닌다는 의미입니다. 여러분은 성인과 똑같이 이 권리를 지니기 때문에 나이 등의 이유로 차별받지 않고 이 권리를 누려야 합니다.

정부는 평화적 집회에서 여러분을 보호하기 위해 특별한 방법을 강구해야 합니다. 특히 여러분을 보호한다는 이유로 표현의 자유를 제한하지 않도록 주의해야 합니다. 다만, 정부가 표현의 자유를 제한할 수 있는 상황도 존재한다는 사실도 알아 두세요. 정부는 국민을 보호하고 국가 안보를 위해 혐오 표현과 폭력 선동을 금지할 의무가 있습니다.

자신을 표현하고 목소리를 낼 권리는 말하기뿐 아니라 쓰기, 예술 창작, 음악 작곡, 타인의 권리에 대한 공개 지지, 평등 옹호, 시위 조직 등 다양한 방법을 포함합니다. 억압에 저항하고 지식과 아이디어를 전파하는 데 여러분의 목소리를 사용할 수 있습니다. 여러분은 다양한 방법으로 변화를 요구할 수 있습니다. 여러분 자신과 다른 사람들과의 연대를 위해 목소리를 낼 수 있습니다.

이 책에 담긴 청소년들의 실제 이야기는 대부분 목소리를 낼 권리와 평화적 시위를 할 권리를 행사하고 타인과 연대하여 활동한 이야기입니다.

현실은 어떤가요?

목소리를 낼 권리는 여러분의 의견이 존중받을 권리가 있다는 의미입니다. 하지만 사람들은 듣지 않을 수도 있습니다. 권력을 지닌 사람들은 사회 변화를 요구하고 달성해 내는 시민들의 목소리가 지닌 힘을 두려워하는 경향이 있습니다. 그들은 표현의 자유와 평화적 시위를 할 권리를 탄압하고는 합니다. 세계 곳곳에서 기자, 예술가, 작가들은 검열을 받거나 침묵을 강요당합니다. 감옥에 갇히거나 심지어 살해당하기도 합니다. 대개 이들이 생각을 표현하고 마음을 움직이는 능력을 지녔기 때문입니다. **검열**은 변화와 권력 상실에 대한 두려움에서 비롯됩니다.

여러분은 평화적 집회에 대한 권리를 누리는 데 다양한 제약을 받을 수 있습니다. 부모가 동의하지 않을 수도 있고, 학교 규칙이나 지역의 조례가 이를 제한할 수도 있습니다. 그럼에도 불구하고 평화적 집회에 대한 여러분의 권리는 국제법과 일부 국가의 법이 보장하고 있습니다. 따라서 정부는 이 권리를 제약하는 방해물들을 제거해야 합니다. 예를 들어 평화적 집회를 조직하거나 참여하는 데 최저 연령을 설정한 법, 단체 가입에 부모의 동의를 요구한 법, 평화롭게 모인 아동들을 경찰이 해산시키는 것을 허락한 법들이 있습니다. 경찰의 역할과 책임은 여러분의 권리를 탄압하는 것이 아니라 그 권리를 지지하고 여러분을 보호하는 것입니다.

권리를 위한 투쟁

행동하기

> **"** 저는 7살 때부터 기사를 쓰기 시작했습니다.
> 여기서 무슨 일이 벌어지고 있는지,
> 우리가 두려움과 불확실성 속에서 어떻게 살고 있는지를
> 전 세계에 알리고 싶었기 때문입니다.
> 저는 많은 경험을 했습니다. 눈앞에서 친척이 살해당했고,
> 어머니가 다쳤으며, 친구들이 체포되었습니다.
> 저는 평범한 삶, 평범한 어린 시절을 원합니다."

자나 지하드는 팔레스타인의 나비 살레라는 작은 마을에서 자랐습니다. 그 마을은 서안지구 라말라의 북쪽에 위치하고 있습니다. 마을은 1967년 이스라엘 군대에 의해 점령당했습니다. 팔레스타인 아이들과 마을 사람들은 일상적으로 권리를 부정당하고 차별을 경험했

습니다. 이스라엘 군대는 마을 사람들이 잠든 한밤중에 집을 급습해 아이들을 체포하고는 했습니다. 아이들은 교육권과 이동의 자유를 위해 투쟁했습니다. 검문소와 분리 장벽이 모든 이동 시간을 오래 걸리게 했습니다. 그래서 학교에 가는 데만 몇 시간이 걸렸습니다. 가족의 생계를 위해 일터에 가기도 쉽지 않았습니다. 아플 때 병원에 가는 것은 거의 불가능했습니다.

2009년, 자나가 3살 때 마을 사람들은 평화적 시위를 할 권리를 활용하여 매주 시위를 했습니다. 하지만 그들은 폭력을 당했습니다. 자나가 7살 때 자나의 친구와 삼촌이 이스라엘 군대에 의해 살해당했습니다. 그녀는 어머니의 핸드폰으로 현장을 촬영하여 진실을 밝혔습니다. 인권 기자의 역할을 한 것이지요. 그녀가 10대가 될 때까지 그녀가 만든 영상을 전 세계 수십만 명이 봤습니다. 그녀는 영상으로 인해 많은 위협을 받았습니다.

2018년, 12살의 자나는 기자증을 소지한 세계에서 가장 어린 언론인이 되었습니다.

행동하기

말라위에 사는 애니 알프레드는 백색증을 갖고 태어났다는 점을 제외하고는 여느 어린이들과 똑같습니다. 백색증은 태양으로부터 피부를 보호하는 멜라닌이라는 색소를 몸에서 충분히 만들어 내지 못하는 선천성 질환입니다. 애니는 그녀의 몸이 마법의 힘

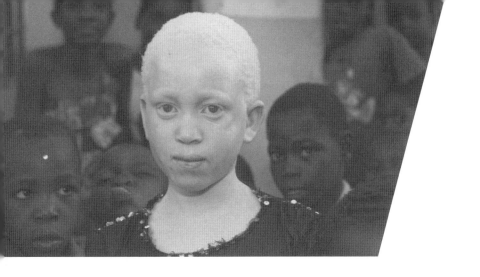

을 지니고 있다고 믿는 사람들 때문에 큰 위험에 처했습니다. 그들은 그녀가 사람이 아니라고 생각했습니다. 돈을 받고 팔기 위해 애니의 머리카락이나 뼈를 훔치려 했지요. 말라위에서는 약 7000명에서 1만 명이 백색증을 갖고 있습니다. 그들의 몸을 팔면 큰돈을 벌 수 있을 거라고 믿는 사람들 때문에 그들 모두는 죽음의 위협을 당하고 있습니다.

> 66 사람들은 저를 유령이라고 부릅니다. 제가 백색증을 갖고 있기 때문입니다. 하지만 저는 다른 사람들과 똑같습니다. 피부와 머리카락이 하얄 뿐입니다. 저의 뼈와 머리카락에 마법의 힘이 있어서 돈과 권력을 줄 것이라고 생각하는 사람들이 있습니다. 그 사람들은 저의 뼈와 머리카락을 얻기 위해 무슨 짓이든 할 것입니다."

179

애니는 범죄 조직이 많은 지역에서 할머니와 함께 매우 가난하게 살았습니다. 돈이 없어서 학교도 다니지 못했습니다. 2016년, 8살의 애니는 국제앰네스티의 편지 쓰기 캠페인의 사례자가 되는 것에 동의했습니다.

전 세계 수천 명의 청소년들이 연대와 항의의 편지를 보냈습니다. 말라위의 대통령은 애니에게 가해지는 위협을 없애기 위한 조치를 취할 것을 촉구하는 편지 1만 통을 받았습니다. 연대 행위는 빠른 변화를 이끌어 냈습니다. 몇 달 만에 말라위 당국은 법을 바꿨습니다. 이제 백색증을 가진 사람의 뼈나 신체 부위를 지니고 있는 사람은 누구든 무기 징역을 살게 됩니다. 애니는 백색증을 가진 청소년을 위한 안전한 기숙 학교에 다니게 되었습니다.

행동하기

2020년 9월, 포르투갈 아동 4명과 청년 2명으로 구성된 어린이 청소년기후소송단이 스트라스부르에 있는 유럽인권재판소에 기후 변화 소송을 제기했습니다. 정부가 탄소 배출을 감축하는 데 실패하여 자신들의 미래를 위험하게 만들었다는 이유였습니다. 그들은 글로벌 법률행동네트워크의 지원을 받아 33개의 유럽 국가를 대상으로 소송을 제기했습니다. 또한 그들은 소송 비용을 마련하기 위한 크라우드 펀딩에 성공했습니다. 법률행동네트워크는 기후 변화가 어린이와 청소년의 몸과 마음의 안녕을 위협한 것에 집

중하고 있습니다. 그들은 기후
변화에 대한 국제적인 책임을
촉구하고, 국가들이 탄소 배출
을 빠르게 감축하도록 강제하
는 것을 목표로 하고 있습니다.
　15세 소피아 올리베이라는
다음과 같이 말했습니다.

> **66** 우리는 견디기 힘든
> 폭염을 경험했습니다.
> 폭염으로 물이 부족하고, 곡식이 타들어 갔으며,
> 광대한 들불이 번졌습니다. 이제 우리의 숲을 걷는 것도
> 두려워졌습니다⋯⋯. 이미 2020년에 이러한 극단적인
> 상황을 목격했는데, 미래는 어떻겠습니까?"

3부

여러분의
권리
주장하기

"일어나, 맞서, 너의 권리를 위해 맞서.
일어나, 맞서, 싸움을 포기하지 마."

밥 말리의
「Get Up, Stand Up」(1973)에서.

첫걸음

앞서 살펴본 것처럼, 권리가 있다고 해서 모든 어린이와 청소년이 그 권리를 누리고 있는 것은 아닙니다. 아는 것이 출발점입니다. 여러분은 여러분의 권리를 요구할 권리를 지닙니다. 하지만 개인적 상황이나 사는 곳에 따라 여러분이 권리를 요구하는 것이 위험할 수 있습니다. 여러분은 매우 신중해야 합니다. 기본적인 권리를 요구하다 다치거나 죽은 사람도 있습니다.

아동권리를 요구하는 것은 여러분이 권리를 누리지 못하게 하는 국내법이나 지역 규범을 변화시키는 것을 의미합니다. 변화를 요구하기 위해서는 정치 시스템과 공공 시스템을 잘 파악해야 합니다. 권리 침해가 일상에서 벌어져 이에 맞서는 것이 위험한 경우도 있습니다.

3부에서는 다른 사람들에게 도움이 되었던 권리 요구 방법에 관한 정보를 안내합니다. 이 중에 일부를 골라서 여러분의 상황에 맞게 활용할 수 있을 거예요. 또는 다른 사람들과 연대하고 싶을 수도 있습니다. 쉬운 방법은 하나도 없습니다. 가장 중요한 것은 여러분의 신체적·정신적 안전입니다.

신체적 안전 점검

여러분이 권리를 요구할 경우 위험에 처할 수도 있습니다. 여러분 자신과 다른 사람들이 위험에 처하지 않도록 조심해야 합니다. 신체적 안전뿐 아니라 디지털 안전(238쪽)과 정신 건강(252쪽)도 신중히 생각해야 합니다. 이는 매우 중요합니다.

- 권리를 요구하는 것이 여러분이나 다른 누구라도 위험에 처하게 할수 있나요?
- 예상되는 위기와 위험은 무엇인가요? 빠짐없이 생각해 보세요.
- 여러분의 행동이 가족과의 관계를 나쁘게 만들 수 있습니까?
- 여러분이 속한 학교, 공동체, 또는 (직장에 다닌다면) 직장에 심각한 영향을 줄 수 있습니까?

■ 여러분에게 해를 끼치려고 할 사람이 있습니까?

이 질문들에 하나라도 *네*,라는 답을 한다면 행동을 매우 신중하게 고민해야 합니다. 여러분이 믿고 말할 수 있는 누군가가 있나요? 가능한 모든 시나리오를 생각해서 위험을 피하는 데 도움이 될 다른 방법을 찾아보세요. 실천에 옮기기 전에 미리 철저한 계획을 세우는 것이 매우 중요합니다. 여러분의 신체적 안전을 위협할 수 있는 어떤 것도 하지 마세요.

신체 또는 성적 학대에 대한 조치

여러분이나 지인이 신체적·성적으로 학대를 당하고 있다면 그 사실을 알리는 것이 중요합니다. 성적인 학대는 트라우마가 심합니다. 특히 학대 가해자가 여러분이 존경하거나 좋아하는 사람이었다면 더욱 그렇습니다. 여러분은 그들을 화나게 하거나 곤경에 처하게 만들고 싶지 않을 것입니다. 하지만 가해자들은 교묘합니다. 그들은 여러분이 특별하고, 두렵고, 공범이라고 느끼게 만들려고 할 것입니다. 가해자들은 자신의 영향력을 유지하기 위해 트라우마 유대(피해자가 감정적으로 가해자에게 애착을 느끼는 것)를 이용하려고 들 것입니다. 이러한 영향력이 어떤 경우에는 수년 동안이나 지속됩니다. 만일 한 사람 이상이 연관되어 있거나, 학대가 오랫동안 지속된다면, 피해자는 그것이 정상이라고 느끼게 될 수 있습니다.

여러분이 취할 수 있는 행동은 다음과 같습니다.

- 여러분의 잘못이라고 느낄 수 있지만 이는 절대로 사실이 아닙니다. 범죄는 다른 누군가가 저지른 것입니다. 학대는 신체적 학대를 넘어 심리적, 정신적 학대로 이어질 수 있습니다. 가해자는 여러분에게 책임이 있다고 생각하도록 만듭니다. 머리뿐 아니라 마음으로 여러분 자신을 용서하세요.

- 학대 사실 또는 학대 가해자를 숨기지 마세요. 여러분이 믿고 말할 수 있는 사람을 찾으세요. 가족, 친구, 선생님, 간호사, 의사처럼 지역 사회 사람을 찾아보세요. 아니면 많은 나라에서 운영하고 있는 아동 전용 무료 상담 전화를 활용해 보세요.

- 여러분이 자신을 탓하거나 학대 가해자가 여러분을 협박한다면 특히 힘들 수 있습니다. 기억하세요, 여러분의 잘못이 아니기 때문에 여러분 자신을 탓할 필요가 없습니다. 학대 가해자의 협박에는 조치가 필요합니다. 학대에 대해 말하는 것이 실질적으로, 감정적으로 여러분에게 도움이 될 것입니다. 또한 여러분은 자신을 비난하는 감정을 치유하기 위한 도움을 구해야 합니다.

- 여러분이 신뢰하는 사람이 여러분의 이야기를 믿지 않거나, 여러분을 실망시킨다면, 다른 사람을 찾으세요.

- 여러분의 잘못이 아니라는 사실을 언제나 기억하세요. 여러분에게는 자신의 잘못이라고 느끼지 않을 권리가 있습니다. 여러분의 이야기는 경청되어야 합니다. 이는 여러분의 권리입니다.

생존자의 이야기

아일랜드의 콤 오골먼은 가톨릭 신부에게 성적으로 학대를 당했습니다. 학대를 당하는 동안 그는 누구에게도 말하지 못했습니다. 신부는 그의 공동체에서 중요한 사람이었고, 그가 속한 교회는 매우 힘이 강했습니다. 콤은 완전히 무력감을 느꼈고, 자신에게 일어난 일에 대해 스스로를 비난했습니다.

1984년, 17세가 된 콤은 집을 나와서 얼마 동안 거리에서 살았습니다. 시간이 흐르면서 그는 사건으로부터 회복되기 시작했고, 학대를 경찰에 신고할 결심을 했습니다. 그는 그 신부가 학대한 아동이 여러 명일 뿐 아니라 교회도 그 사실을 인지하고 있었다는 것을 알게 되었습니다.

콤은 자신의 경험을 바탕으로 자신과 다른 많은 학대 피해자들의 정의를 위한 캠페인을 시작했습니다. 국가 차원의 수사를 촉구하고 학대 가해자와 가톨릭교회에 책임을 묻기 위한 법적 조치를 취했습니다. 그는 교황도 고소했습니다. 그의 캠페인은 전 세계에서 가톨릭교회에 의한 아동 학대가 은폐되는 현실을 드러냈습니다. 결국 그는 승소했습니다. 가장 중요한 성취는 교회로부터 사과를 받았다는 점입니다. 그는 현재 국제앰네스티 아일랜드 지부 국장입니다.

콤은 자신의 경험에 대해 다음과 같이 말했습니다. "저는 활동가로서 제가 이룬 성취가 당연히 자랑스럽습니다. 하지만 제가 가장 행복한 것은 제가 어렸을 때 당했던 학대로 인해 얻게 된 죄책감으로부터 벗어날 수 있었다는 점입니다. 제가 공개적으로 발언하기 시작했을 때, 많은 분이 학대는 저의 잘못이 아니라고 말씀해 주셨습니다. 머릿속으로는 그들의 말이 맞다는 사실을 알았지만 마음속으로는 여전히 많은 죄책감을 느꼈습니다. 제가 이 끔찍한 범죄의 가해자가 아니라 피해자라는 사실에도 불구하고 죄책감을 느끼는 것은 학대가 피해자를 그렇게 만들기 때문일 것입니다. 학대는 피해자에게 부정적인 감정과 죄책감을 남깁니다. 저는 저의 진짜 모습을 볼 수 없게 되었고, 대신 제가 볼 수 있는 것은 학대뿐이었습니다. 이를 이겨 내기 위해 많은 시간을 보내야 했고, 도움이 필요했습니다. 여러분이 저와 비슷한 상처를 겪었다면, 여러분은 혼자처럼 느껴질 것입니다. 하지만 여러분은 혼자가 아닙니다. 도움을 요청하세요. 믿을 수 있는 어른이나 학대를 당한 청소년을 도와주는 단체를 찾아보세요. 여러분이 상처를 이겨 내고, 다시 여러분 자신으로, 그 일이 생기기 전의 여러분, 진정한 여러분이 될 방법을 찾을 수 있을 것이라고 약속드립니다. 제가 가장 소중하게 여기는 것은 저 자신을 진정으로 사랑하는 방법, 목표와 기쁨과 사랑으로 가득 찬 삶을 살 수 있는 방법을 찾았다는 점입니다. 이것이 다른 어떤 것들보다 중요합니다. 여러분 자신은 다른 무엇보다 중요합니다."

개인적 상황 이해하기

여러분이 아동권리를 옹호하고 싶다면 가장 먼저 개인적인 부분을 살펴봐야 합니다. 여러분이 자신의 권리를 요구해야 한다면, 활동(202쪽)과 법(242쪽)에 대한 내용을 참고하세요. 여러분이 자신의 권리를 요구하는 사람들을 돕고 싶다면, 계속 읽으시면 됩니다.

특권을 자각하기

특권을 인식하는 것은, 차이에 대한 이해를 도와줍니다. 또한 모든 사람이 똑같은 기회를 누리지 못하는 이유를 알게 합니다. 이를 통해 차별을 인식하고 차별에 도전하는 것이 더 쉬워질 수 있습니다. 전 세계에서 벌어지는 수많은 권리 침해의 핵심에 차별이 있습니다.

여러분 자신과 주위 사람들의 삶을 살펴보세요. 여러분이 다른 청소년들보다 어떤 권리를 더 누리거나 덜 누립니까? 쉽지 않겠지만 솔직해져 보세요. 여러분은 언제나 존엄을 지켜 주고 존중하는 마음으로 모든 사람을 대했나요? 여러분은 누군가를 괴롭힌 적이 없나요? 학대와 권리 침해를 알리는 대신 침묵하거나 방관하지는

않았나요?

만일 어떤 어린이나 청소년이 언어적·신체적으로 학대받는 것을 본다면 여러분은 어떻게 하겠습니까? (거꾸로 여러분이 학대를 당하고 있다면 주위 사람들이 어떻게 해 주기를 바랄지 생각해 보세요.) 동료와 친구들에게 이야기하세요. 그리고 부당한 대우를 받는 사람들을 보살펴 주세요. 그들을 어떻게 도울 수 있을까요? 여러분의 집, 학교, 공동체에서 인권을 지킬 기회가 많습니다. 침묵하고 방관자가 되는 것은 학대와 권리 침해를 강화할 수 있습니다. 하지만 여러분 자신의 안녕과 안전을 잊지 마세요. 여러분이 언제나 행동할 수 있는 것은 아닙니다.

여러분이 백인이라면, '백인 특권'이라는 용어를 생각해 보세요. 백인 특권은 여러분의 삶이 힘들지 않다는 의미가 아닙니다. 여러분이 권리를 부정당하는 경험을 해 보지 않았다는 의미도 아닙니다. 다만, 여러분이 피부색으로 인해 더 많은 혜택을 누리고 더 적은 차별을 받을 가능성이 높다는 의미입니다.

트랜스젠더와 논바이너리의 앨라이(지지자) 되기

- **성별 다양성을 인정해요.** 누군가가 트랜스젠더이거나 논바이너리라면, 이는 단지 인간 정체성의 다양성을 보여 주는 것입니다.

- **이름과 성별을 존중해요.** 트랜스젠더나 논바이너리가 여러분에게 말해 준 이름과 성별로 그들을 불러 주세요. '진짜' 이름이나 성별이 무엇인지 묻지 마세요.

- **정확한 대명사를 사용하세요.** 어떤 사람들은 그들(they), 그들의(their) 같은 성 중립적인 대명사를 선호합니다. 어떤 대명사를 사용해야 할지 확신이 없다면 적절한 순간에 물어보세요. 아니면 여러분이 자신을 지칭하는 대명사에 대해 먼저 알려 주세요. 다른 사람들도 이에 대해 이야기하는 분위기가 조성될 것입니다.

- **트랜스포비아에 문제를 제기하세요.** 모든 트랜스젠더와 논바이너리의 삶과 경험을 인식하고 존중해야 합니다. 그들이 받는 억압을 이해해야 합니다. 트랜스포비아적인 발언을 하는 친구나 가족들에게 문제를 제기하세요. 부정적이고 비인간적인 태도를 접하는 것은 트랜스젠더들을 힘들게 합니다. 다른 사람의 지지는 트랜스젠더들에게 정말 큰 도움이 됩니다.

- **듣고 배우세요.** 실수를 하면 사과를 하고, 경험을 통해 배우면 됩니다. 악의 없는 실수가 여러분을 트랜스포비아로 만들지는 않습니다.

여러분이 사는 곳에서 변화 만들기

여론이 여러분을 지지하면 권리를 요구하고 변화를 만들어 내기가 훨씬 쉽습니다. 집이나 지역 공동체에서 지식을 나누는 것으로 시작하세요. 이를 통해 관심을 높일 수 있고 점진적인 변화의 과정을 시작할 수 있습니다. 가족, 친구, 공동체와 함께 여러분이 제일 관심 있는 권리 등에 대해 토론하면서 관심을 끌고 영향력을 키울 수 있습니다. 사람들이 왜 그 권리가 중요한지를 이해하게 되면 여러분의 활동은 더 쉬워질 것입니다. 연구에 따르면, 어떤 중요한 이슈에 대해 일방적인 주장을 접하는 경우 사람들은 자신의 생각을 거의 바꾸지 않는다고 합니다. 그러니 여러분이 자신의 신념에 얼마나 열정적인지와 상관없이 다른 사람의 생각을 존중하기 위해 노력하세요. 그들의 입장에 공감하고 여러분의 관점을 그들과 관련 있는 방식으로 재구성한다면 마음을 얻기 더 쉬울 것입니다.

집에서 권리에 관해 토론하기

권리는 복합적입니다. 권리에 대해 이야기하기란 쉽지 않습니다. 특히 부모님이나 보호자와는 더욱 어렵습니다. 권리에 관해 토론할 때 다음의 단계를 고려해 보세요.

- 가능하다면 여러분이 대화를 통해 얻고자 하는 것이 무엇인지 미리 생각해 보세요. 여러분이 원하는 것은 부모님이나 보호자가 조언이나 평가를 하지 않고 그저 듣고 이해해 주는 것일 수 있습니다. 또는 여러분이 행동에 나서는 것을 허락하고 지지해 주는 것일 수도 있고요. 여러분은 그들의 조언이나 도움이 고마울 수도 있습니다. 대화를 시작할 때 여러분이 기대하는 바가 무엇인지를 말하는 것이 여러분과 대화 상대에게 도움이 됩니다. (예를 들어 "제 이야기를 끊지 말고 들어주세요." "저는 조언이 필요해요." 같이요.) 여러분의 감정을 확인하고, 여러분의 생각과 느낌 그리고 원하는 바를 가능한 한 명확히 하세요.

- 여러분이 대화하고 싶은 어른이 시간에 쫓기거나, 다른 일정과 겹치지 않도록 미리 시간을 조정하세요.

- 상대가 이해하는 데 도움이 될 만한 사례를 제공하세요. 그러면 그들은 더 잘 들을 수 있습니다. 솔직하세요. 그들의 시각을 이해하려고 노력하세요. 그리고 가능하다면 그들에게 이해한다고 말하세요. 좋은 토론을 하는 데 도움이 될 것입니다. 친절하고 존중하는 어조로 이야기하세요.

- 어른들은, 심지어 부모님조차도 언제나 여러분의 방식대로 사안을 바라보는 것은 아닙니다. 또한 여러분의 부탁을 항상 들어주는 것도 아닙니다. 거절당하는 것은 힘듭니다. 그들이 여러분을 지지할 수 없다는 사실을 아는 것은 더욱 힘듭니다. 하지만 이러한 일은 수많은 이유로 발생할 수 있습니다. 필요하다면 학교 선생님 등 믿을 수 있는 다른 어른을 찾아보세요.

흔한 통념에 반박하기

아동권리에 반대하는 주장들이 많습니다. 그래서 여러분이 아동권리를 옹호하려고 할 때 반대에 부딪힐 확률이 높습니다. 다음은 특히 흔한 통념입니다. 여러분이 그러한 통념에 대응할 방법도 소개합니다.

> 어린이·청소년은 경험이 부족하기 때문에
> 무엇이 너희들을 위한 최선인지 모르고 판단력도 부족해.

역사적으로 권력자들은 다른 사람들의 능력이 부족하다고 말하며 권력을 유지해 왔습니다. 이러한 주장은 여성의 참정권을 반대하는 논리로도 이용되었습니다. 청소년들이 더 많은 권리를 갖게 되면 실수도 하겠지만, 이는 어른도 마찬가지입니다. 이것이 누군가로부터 온전한 권리를 박탈하는 이유가 될 수는 없습니다.

> 너희는 책임 있는 결정을 내리기에 사고력이 부족해.

지혜는 나이가 아니라 지식이나 성숙함으로 측정됩니다. 생각하는 능력은 단순히 나이를 먹는다고 향상되지 않습니다. 18세가 되면(혹은 성년이 되면) '사고력'이 생긴다고 보는 것은 임의적인 측정 방법에 기인한 것으로 수많은 사람을 무시하는 것입니다.

> 너희는 다른 사람들의 말에 너무 쉽게 흔들리고 조종당하니까
> 너희가 참여하도록 허용하는 것은 위험해.

어른을 비롯해 누구나 어느 정도는 다른 사람에게 영향을 받습니다. 또한 다른 사람에 의해 조종될 수 있다는 이유로 어린이와 청소년의 권리를 부정하는 것은, 인권은 보편적이고 빼앗을 수 없다는 인권의 기본 개념을 이해하지 못한 것입니다.

> 아동권은 다른 인권과 마찬가지로
> 서구의 개념이고 제국주의의 한 형태야.

전 세계의 모든 나라와 문화에 불의와 차별을 경험하는 집단이 존재합니다. 인권과 아동권리의 성장을 이끈 것은 전 세계의 억압받는 사람들의 요구였습니다. 197개 나라 중 196개 나라가 유엔아동권리협약을 비준했다는 사실을 잊지 마세요.

유용한 기술 익히기

여러분의 의견을 명확히 밝히고, 사례를 만들고, 이슈에 대한 인식을 높이고, 반대를 극복한다면 여러분의 권리를 요구하는 것이 훨씬 쉬워집니다. 다음과 같은 영역의 기술을 익히면 도움이 될 것입니다.

토론하는 방법 배우기

토론은 한 이슈에 대해 서로 반대 의견을 지닌 양측이 참여하는 구조화된 논쟁입니다. 토론은 사람들 앞에서 말하는 능력을 계발하고 설득력 있는 논쟁법을 배우는 좋은 방법입니다. 많은 토론 그룹이 의회 시스템을 모델로 하기 때문에 정치적인 언어를 익힐 수 있습니다. 토론은 건설적인 대화에 도움을 줍니다. 토론은 여러분과 청자들이 문제를 보는 관점을 변화시킬 수 있습니다.

토론 모임에 참여하거나 토론 모임을 만들어 보세요. 여러분은 토론에 적극적으로 참여할 수 있고, 공동체나 학교에서 직접 토론회를 열어 볼 수도 있을 것입니다.

토론을 준비할 때에는, 주제에 대해 조사하고 지식을 얻는 것이 중요합니다. 자신의 관점뿐 아니라 모든 관점에서 주제를 생각해 보세요. 상대방이 무슨 이야기를 할지 예상하고 여러분의 주장을 준비하세요. 토론 주제를 종이에 적어 보는 것이 좋은 시작일 수 있습니다. 가능하다면 친구들과 연습해 보세요.

토론을 위한 팁

- 자신감 있게, 명료하게 말해요.
- 청자들과 눈을 맞추세요.
- 강력한 증거와 사실을 제시하고, 힘 있는 언어를 사용하세요.
- 상대방이 제시한 증거가 정확한지 확인하세요.
- 강력한 결론으로 마무리하세요. 사람들은 주로 마지막을 기억합니다.
- 상대방에게 이의를 제기할 수는 있지만 예의를 갖추세요.
- 경험이 적은 것에 대해 걱정하지 마세요. 실전을 통해 성장하게 될 것이니까요.

모의 유엔은 유엔이 어떻게 기능하는지 알고 싶어 하는 청소년들의 활동입니다. 매년 전 세계 수십만 명의 청소년과 대학생이 참여합니다. 모의 유엔에서는 현안 토론, 결의안 초안 작성, 전략 수립, 협상, 갈등 해결과 더불어 유엔의 절차 규정을 알아볼 수 있습니다. 유엔뿐 아니라 법, 정치, 경제, 문화계의 많은 리더들이 청소년기에 모의 유엔에 참여했습니다. 모의 유엔에 관심이 있지만 여러분의 학교가 참여하지 않는다면 모의 유엔 동아리 설립을 기꺼이 도와줄 선생님을 찾아보세요.

연설하기

사람들 앞에서 말할 기회를 갖게 된다면, 여러분은 사람들의 기억에 남고 싶을 것입니다. 이를 위한 유용한 지침을 드립니다.

준비

- 미리 준비해야 할 가장 중요한 것은 연설의 목표입니다. 청자들이 어떻게 느끼기를 바라나요? 여러분의 연설을 들은 후 청자들이 어떤 실천을 하기를 바라나요? 목표에 따라 여러분의 말하기 방식과 내용이 달라질 것입니다.

- 청자가 누구인지, 장소가 어디인지를 미리 알아보세요.

- 주어진 시간 내내 말할 필요는 없습니다. 여러분의 목표를 달성하기 위해 가능한 행동을 생각해 보세요. 예를 들어 짧은 영상을 보여 줄 수도 있고 질문을 던질 수도 있습니다.

- 여러분의 연설을 적어 보세요. 많은 사람이 자신이 써 온 연설문을 그대로 읽고는 하지만, 내용을 잘 알 때까지 연습을 해서 연설문을 요약해 중간중간 참고하면 더 좋습니다. 이렇게 하면 제일

중요한 요점을 잊지 않으면서도 자연스럽게 이야기를 전달할 수 있습니다.

- 청자들의 주목을 끌 만한 강력한 것으로 시작하세요.

- 자신에 대해 소개하세요. 에피소드를 이야기하거나, 이 문제가 왜 여러분에게 중요한지 설명하세요. 청자들이 여러분에게 친밀감을 느끼면, 이야기가 훨씬 의미 있게 다가갈 것입니다.

- 사실과 증거를 활용하되, 그것이 주제와 관련 있고 정확한지 확인하세요.

- 복잡한 생각과 이슈를 부분으로 나눠서 이해하기 쉽게 전달하세요.

- 존중하는 태도로 비판과 비평을 활용하세요.

- 긍정적인 결말을 생각해 보세요. 청자들이 마음에 담고 돌아갔으면 하는 내용을 포함해서요.

- 이야기가 매끄럽게 전개되고 자연스럽게 들릴 때까지 가능하다면 사람들 앞에서 연습해 보세요.

- 여러분이 발언하는 시간을 재서 정해진 시간 안에 끝낼 수 있도록 하세요. 청자들은 발언이 짧은 것에 대해서는 잘 불평하지 않습니다. 발언이 짧아지면 청자들의 질문에 답변할 수 있는 시간을 확보할 수 있습니다.

- 예상 질문을 정리해서 답변을 준비하세요.

발언할 때

- 자신을 소개하고, 어떤 주제에 대해 얼마 동안 이야기할 예정인지 안내하세요.

- 충분히 시간을 갖고, 숨을 깊이 쉬고, 서두르지 마세요.

- 청자들을 살펴보세요. 표정을 부드럽게 하고 웃으세요. 청자들이 긴장감을 느끼지 않도록 하세요.

- 천천히 말하세요. 대부분의 발표자가 말을 너무 빨리 합니다. 말이 빠르면 청자와 번역자, 통역자들이 여러분의 말을 이해하기 어렵습니다.

- 가능하다면 머리뿐 아니라 가슴으로도 이야기하세요. 여러분의 노트는 자유롭게 참고하세요.

- 무대를 장악하세요. 평소보다 약간 더 큰 자아가 되는 시간입니다.

마무리

- 청자들에게 감사 인사를 하세요.

- 여러분에게 발표 기회를 준 주최 측에 감사 인사를 하세요.

- 발표가 잘 진행되지 않더라도 걱정하지 마세요. 여러분에게 발판이 될 것입니다. 대중 앞에서의 발표는 매번 새로운 경험이고 배움의 장이며, 지난번과는 다르게 이야기할 수 있는 기회입니다.

활동가 되기

활동은 여러분의 문제의식에 대한 대중의 관심을 모을 강력한 방법이기에 고려해 볼 만합니다. 활동에는 여러 가지 방식이 있습니다. 핵심은 여러분에게 중요한 무언가에 대한 긍정적인 변화를 가져올 행동을 하는 것입니다. 또한 다른 사람들이 행동하도록 격려하고 지지하는 것입니다. 각각의 행동은 작더라도 다른 사람들의 행동과 합쳐진다면 파급 효과를 지니면서 결국에는 거대한 변화를 만들어 낼 것입니다. 긍정적인 변화는 종종 정치인들과 다른 지도자들의 공로인 것처럼 여겨지지만 거의 대부분은 보통 사람들이 헌신적이고 열정적으로 오랫동안 열심히 노력한 덕분입니다.

활동은 모든 사람들의 똑같은 권리 존중에 관한 것이며 아주 즐거울 수 있습니다. 활동은 자기 자신을 홍보하거나 다른 사람에 대해 판단하거나 다른 사람들의 권리를 부정하는 일이 되어서는 안됩니다. 열정적인 활동가가 되고 싶다면 공감 능력이 필요합니다. 친절하세요. 다른 관점을 이해하려고 노력하세요. 호기심을 가지세요. 다른 사람들의 이야기를 경청하며 그들의 목소리를 낼 권리를 존중해 주세요. 그렇게 얻은 지식을 활동가로서 여러분의 여정을 구체화하는 데 활용할 수 있습니다. 생각대로 잘 되지 않는다면, 그것은 권리를 부정하는 사람들과 구조 때문임을 기억하세요.

권리 존중을 위해 노력하는 여러분과 같은 사람의 탓이 아닙니다.
많은 활동가들이 다음의 단계를 따릅니다.

- 아이디어를 바탕으로 활동을 조직하고, 다른 사람들이 연대하도록 격려합니다.
- 장벽을 확인하고 하나씩 없앱니다.
- 목소리를 키우는 방법을 찾아서 반대를 이길 수 있도록 합니다. 평화적 시위라는 권리를 활용합니다.
- 권력자들이 움직이지 않을 수 없을 때까지 압박을 강화합니다.

여러분에게 활동가들의 방법을 소개합니다. 하지만 활동은 위험할 수 있으므로 안전 가이드를 면밀히 살피세요. 보이지 않는 곳에서 매우 조용하게 활동하는 방법도 있습니다. 하지만 모든 행동은 중요하다는 사실을 기억하세요. 시간이 오래 걸리더라도 자신과 다른 사람들을 위한 진짜 변화를 만들어 내는 데 성공할 수 있습니다. 설령 성공하지 못하더라도 여러분의 활동은 희망과 영감을 가져올 것입니다. 작은 행동들이 잔물결을 일으킨다는 사실을 기억하세요.

권리 주장하는 법

활동은 여러분의 이슈와 여러분이 사는 곳에 따라 다른 모습일 수 있습니다. 여러분의 시간에, 안전하게, 그리고 자신답게 느껴지는 방식으로 활동하세요. 가능하면, 여러분의 부모 또는 보호자와 이야기하고 그들에게 계속 상황을 공유하세요.(193쪽 참조.)

활동에 관한 일련의 단계와 전략을 소개합니다. 이것들은 응용해 보세요. 순서가 여러분에게 맞지 않는다면 재배치하세요. 여러분 혼자보다는 친구 또는 동료들과 함께하는 것이 도움이 됩니다.

1. 문제를 정의하기	6. 압력 행사하기
2. 조사하기	7. 정치인에게 책임 묻기
3. 협력자 찾기	8. 지혜롭게 주장하기
4. 일정 세우기	9. 대중에게 알리기
5. 캠페인 계획하기	10. 목소리를 높이기

1. 문제가 무엇인지, 원하는 변화가 무엇인지 정의하기

여러분이 열정을 가진 인권 문제가 무엇인지 명확히 하세요. 여러분이 누리고 있는 권리를 다른 사람은 박탈당하고 있다면, 어떻게 그들의 협력자가 될 수 있을지 알아보세요. 여러분의 삶과 경험은 그들과 매우 다를 것입니다. 그들이 무엇을 원하는지 알아보세요. 그들이 필요로 하고 원하는 것이 여러분과 같을 것이라고 지레짐작하지 마세요.

목표를 명확히 하고 계획을 세우세요. 전략적으로 접근해야 합니다. 아무리 마음이 끌리더라도 곧바로 뛰어들지 마세요. 스스로에게 다음의 질문을 해 보세요. 우리는 지금 어디에 있지? 우리가 가고 싶은 곳은 어디지? 어떻게 도달할 수 있지?

문제를 모든 각도에서 살펴보세요. 근거와 성공 가능성을 고려하세요. 이를 통해 다양한 전개와 결과를 예상할 수 있을 것입니다. 전략을 세우는 데도 도움이 될 것입니다. 첫 번째 시도가 성공하지 못할 때를 대비해 두 번째 계획을 준비하고, 세 번째 계획도 준비하고, 또 다른 계획도 준비하세요. 이렇게 하면 끈기 있게 해낼 수 있을 것입니다.

2. 조사하기

조사는 매우 중요합니다. 어떤 행동을 시작하기 전에 가능한 한 많은 자료를 찾아보세요. 어떤 권리가 부정되고 침해되는지, 누구에게 책임이 있고, 무엇이 변해야 하는지 등 문제를 점검하세요. 이는 여러분의 목적을 달성하는 방법을 찾는 데 도움이 될 것입니다.

여러분의 조사가 가치를 지니려면 정확성이 핵심입니다. 사실이 중요합니다. '가짜 뉴스'에 현혹되지 마세요. 비판적인 질문 능력을 기르고, 믿을 만한 정보원이 누구인지 알아보세요. 여러분에게 거짓말을 하거나 여러분을 현혹시키는 것으로 이익을 얻는 사람이 누구인지, 그들이 왜 거짓말을 퍼뜨리고 싶어 하는지를 생각해 보는 것이 좋은 출발입니다. 정보를 곧이곧대로 믿지 마세요. 누구로부터 얻은 정보인지를 확인하고 또 확인하세요.

다음의 질문을 조사에 활용하세요.

- 어떤 권리가 부정당하거나 침해되나요?
- 어디에서 발생했나요? 집과 같은 사적인 공간인가요? 시설, 학교, 공동체, 종교 기관인가요? 기업에 의한 것인가요? 경찰이나 정부에 의해서인가요? 국내 문제인가요, 아니면 국제적 수준인가요?
- 학대 가해자가 개인인가요, 단체인가요? 그들이 누구인가요?
- 여러분이 사는 곳의 법은 어떤가요? 정치적 구조는 모든 곳에서 동일하지 않습니다. 나라마다 법이 다르고 어떤 경우는 같은 나라에서도

지역에 따라 다릅니다.

- 상황을 개선할 수 있는 영향력과 힘을 가진 사람이 누구인가요? 결정 권자는 누구인가요? 그들은 다양한 수준에서 존재할 수 있습니다.

- 권력을 잘못 사용하고 있는 이들은 누구입니까?

- 방관하는 이들은 누구입니까? 권리 침해는 사람들이 못 본 척하거나 외면할 때 확산됩니다.

- 변화를 위해 무엇이 필요합니까? 어느 정도의 변화를 이뤄야 여러분 이 만족감을 느낄 수 있을까요?

- 권력을 가진 사람들이 어떻게 변해야 합니까?

- 누가 여러분의 협력자가 될 수 있습니까? 개인, 조직, 풀뿌리 단체를 생각해 보세요.

- 의사 결정권자들이 관심을 갖도록 하기 위해서 무엇이 필요할까요? 그들이 옳은 일을 하도록 만들기 위해 어떤 압력을 행사해야 할까요?

3. 사람들의 힘: 협력자 찾기

많은 사람이 함께 행동하면 진정한 힘을 발휘합니다. 여러분의 문제의식에 관심을 가질 만한 협력자들을 찾으세요.

- 신념을 나눌 수 있는 친구들 또는 가족들부터 시작하세요.
- 관련 있는 학교 동아리를 생각해 보세요. 앰네스티 유스 모임에 참여하거나 모임을 만들어 볼 수도 있습니다.
- 문제와 관련된 전문적인 단체를 찾아보세요. 단체에 조언과 지원을 요청하세요.
- 여러분의 이슈에 관심 있는 공동체 그룹, 네트워크, 풀뿌리 단체를 찾아보세요. 여러분이 그 조직에 합류하는 것을 고려해 보세요. 또는 그 조직에 여러분과 함께 해 달라고 요청하세요.
- 다른 어린이, 청소년, 지지하는 어른들과 함께 여러분의 커뮤니티를 만드세요.
- 다양성을 독려해야 한다는 사실을 잊지 마세요. 성공적인 활동은 포용적이고, 다양하며, 평등하고, 수용적인 태도를 확산시킵니다. 많은 활동이 사람들이 환영받거나 소속감을 느끼게 하지 못해서 어려움을 겪습니다.
- 다른 사람들의 경험, 문화, 신념에 언제나 열린 마음과 감수성을 지니세요.

4. 일정 세우기

무엇을 위해 싸우느냐에 따라 변화를 이루는 데 필요한 시간과 노력이 다릅니다. 언제 끝이 날지 알 수 없는 경우도 많습니다. 몇 주, 몇 달, 몇 년 심지어 인생이 걸릴 수도 있습니다.

전략들을 일정표로 한데 모아 정리하는 것이 도움이 됩니다. 여러분의 커뮤니티의 주요 일정 같은 규칙적인 활동을 포함시키세요. 가장 좋은 계기나 기회가 언제인지 확인하고 이를 중심으로 활동 일정을 계획하세요.

변화를 만들 수 있는 자원과 사람을 확보할 수 있도록 노력하세요. 그렇게 하기 어렵다면 범위와 목표를 줄여서 달성 가능성을 높일 수도 있습니다. 아니면 차라리 활동을 더 확장해 장기적인 목표를 지향하세요. 시간은 오래 걸리겠지만, 스트레스는 덜 받을 수 있습니다.

5. 캠페인 계획하기

책임자들이 여러분의 길을 방해한다면, 여러분은 캠페인을 시작하거나 그들이 반대한다는 사실을 널리 알릴 수 있습니다. 이는 집중이 필요한 활동입니다. 여러분은 명확한 목적과 기간을 설정해야 합니다. 예를 들어 다음처럼 다양한 방식으로 캠페인을 할 수 있습니다.

- 정부에 법과 정책 변화를 촉구
- 시민 인식 개선
- 시민 또는 결정권자 교육

캠페인은 **시위**나 **행진** 같은 공개 활동 및 이벤트를 수반할 수 있습니다. 하지만 정치인 **로비** 같은 물밑 작업도 효과가 있습니다. 이어지는 내용을 참고하세요.

6. 압력 행사하기

지도자들에게는 아동권리를 보장할 의무가 있습니다. 권리를 위반하는 사람들과 문제를 개선할 권력을 가진 사람들을 압박하기 위해 여러분은 나라의 법을 이용할 권리가 있습니다.

어떤 권리가 위반되거나 침해되고 있는지, 변화를 위해 무엇이 필요한지, 변화를 위한 권력과 영향력을 지니고 있는 이가 누구인지를 조사해 보세요. 이런 조사의 대상은 여러분의 가정일 수도 있고, 학교나 공동체일 수도 있으며, 나라 전체이거나 아니면 국경을 넘을 수도 있습니다. 여러분에게 여러분의 권리를 주장할 권리가 있다는 사실을 잊지 마세요. 권력을 지닌 이들에게 그들이 여러분을 지지하고 여러분의 권리를 보장할 책임이 있다는 사실을 환기시키세요.

어느 정도의 변화가 있어야 충분할지 생각해 보세요. 어떤 권리가 침해되고 있느냐에 따라 책임자에게 다음 중 무엇을 요구할지 정할 수 있습니다.

- 권리 위반(예: 차별) 중단
- 사과
- 기존 결정과 행동에 대한 재검토
- 정책 변경
- 책임자 교육 마련
- 피해자 보상

범죄에 해당하는 권리 위반이라면 조사를 해야 하고 혐의자는 공정하게 기소되어야 합니다. 이 경우 여러분은 공식적인 법적 절차를 밟아야 할 수도 있습니다. 법은 상황에 따라 다양하기 때문에 여러분이 사는 곳에 적합한 방식을 찾기 위해 더 많은 조사를 해야 할 것입니다. (242쪽 관련 법 살펴보기 참조.)

7. 옹호: 정치인에게 책임 묻기

권력을 지닌 사람들이 여러분을 지지하도록 설득하는 것이 매우 중요합니다. 법적으로 보장된 권리를 실제로 지킬 최종 책임자는 대부분 정치인입니다. 그들에게는 여러분의 목소리를 들을 의무가 있습니다. 여러분이 18세 미만이거나(미성년이거나) 여러분이 사는 나라의 국민이 아니더라도 말이에요. 여러분은 그들에게 책임을 물을 수 있습니다. 어떤 변화가 필요한지에 대해 그들이 더 많이 들을수록, 행동하라는 압력이 더 많이 가해집니다.

정치인들과 연관되지 않고 진행할 수도 있지만 성공하기가 더 어려울 수 있습니다. 정치인들은 여러분이 원하는 변화를 빨리 달성하도록 도와줄 수 있습니다. 그들과 함께하느냐 아니냐가 성공과 실패의 차이를 만들 수도 있지요. 가장 효과적인 방식이 무엇인지에 따라 정치인들과 공식, 비공식적으로 관계를 맺어 보세요.

이를 위해서는 고려해야 할 것이 많습니다.

정치적 전략 세우기

먼저, 여러분의 목표가 무엇인지를 생각하고 어떤 정치인(들)이 여러분에게 도움을 줄 수 있을지 확인하세요. 그들과 어떻게 관계를 맺을지 생각해 보세요. 다음을 명확히 하세요.

- 여러분이 설명하고 싶은 문제는 무엇인가요?
- 문제와 관련된 법, 정책, 과정에 대한 책임이 누구에게 있나요? 변화를 만들 수 있는 권력을 가진 사람이 누구인가요? 그 문제의 범위가 지역, 광역 아니면 전국인가요?
- 예상되는 협력자들은 누구인가요? 정당? 특정 단체? 1~2명의 핵심 정치인?
- 정치인들이 어떤 변화를 만들 수 있나요?

정치인 찾아보기

다음으로 여러분이 영향력을 행사하고 싶은 정치인(들)에 대해 알아봐야 합니다. 이를 통해 여러분이 정치인들과 소통할 방법을 찾을 수 있을 것입니다. 다음 질문들이 도움이 될 거예요.

- 어떤 선거구에 속해 있나요? 지역, 광역, 전국에서 어떤 정치인이 여러분을 대변하나요? (그들은 각각 다른 권한과 책임을 지니고 있다는 사실을 명심하세요.)
- 그들은 어떤 정당 소속인가요? 그 정당의 정책은 무엇인가요?
- 정권을 잡은 정당에 속해 있나요? 야당에 속해 있거나 무소속인가요?
- 그들이 여러분의 문제를 변화시킬 수 있는 영향력을 지니고 있나요?
- 여러분에게 중요한 문제에 대한 그들의 입장은 무엇인가요? 그들이 인권과 아동권리의 옹호자인가요? 이를 알아보기 위해 여러분은 그들의 의결권 행사 기록, 소셜 미디어, 인터뷰 등을 찾아볼 수 있습니다.
- 그들의 비전은 무엇입니까? 그들이 가장 중요하게 생각하는 이슈는 무엇입니까? 그들이 달성하려고 하는 목표는 무엇입니까?
- 그들의 협력자는 누구입니까? 누가 그들과 함께 일합니까? 누가 그들에게 영향을 미치고 있습니까? 그들과 가까운 정치인들은 누구입니까? 그들이 관여하는 단체나 조직은 어디입니까?

정치인과 연락하기

대중에게 알리기 전에 정치인이 여러분에게 개인적으로 답변할 기회를 주는 것이 가장 좋습니다. 정치인들과 연락할 수 있는 방법은 다양합니다.

- 만남을 시도해 보세요. 그들이 참석할 예정인 행사를 찾아보세요. 예의를 갖춰서 여러분을 소개하세요.

- 여러분의 학교, 대학교, 직장이 그들을 초청하는지 알아보세요.

- 소셜 미디어를 통해 연락해 보세요. 여러분이 자주 글을 남긴다면 그들이 여러분을 기억하기 시작할 것입니다.

- 편지를 쓰세요. 정치인들은 편지를 많이 받습니다. 그러니 여러분이 그들의 지역구에 살고 있다면 그 사실을 편지 초반에 밝히세요.

- 사무실로 전화하세요. 전화하기 전에 무슨 말을 할지 연습해 보세요. 여러분이 **지역구민**이면 그 사실을 알리세요. 필요하다면 메시지를 남기세요. 전화한 용건을 설명하세요. 지나치지 않을 정도로 다시 전화하세요. 진행 상황을 알기 위해 1~2주 후 전화하는 것은 적절합니다.

- 행사, 모임 같은 활동에 그들을 초청하세요. 적어도 한 달 전에는 그들에게 일정을 알려 주세요.

- 지역 모임이나 지역 활동을 만들어 청원서를 모으세요. 청원서는(주소와 서명이 있어야 함.) 많은 **유권자**들이 변화를 원한다는 사실을 정치인에게 보여 줄 수 있습니다.

정치인과 만날 때까지 다음 단계를 미루고 있을 필요는 없습니다. 정치인이 만남을 거절하거나 변화를 약속하지 않는 경우를 대비하세요. 미리 준비하면 다음 단계로 즉시 넘어갈 수 있습니다. 다음 단계로는 사람들에게 알리는 것(공론화)을 고려할 수 있습니다. 정치인에게 무엇이 더 효과적일지는 여러분이 정치인에 대해 아는 것이 무엇인지에 달려 있습니다.

정치인에게 편지 쓰기

아동권리 이슈에 대한 우려를 전달하기 위해 정치인에게 편지를 쓰고 싶을 수 있습니다. 편지를 써도 안전한 나라에 살고 있다면 다음의 사항을 고려하세요.

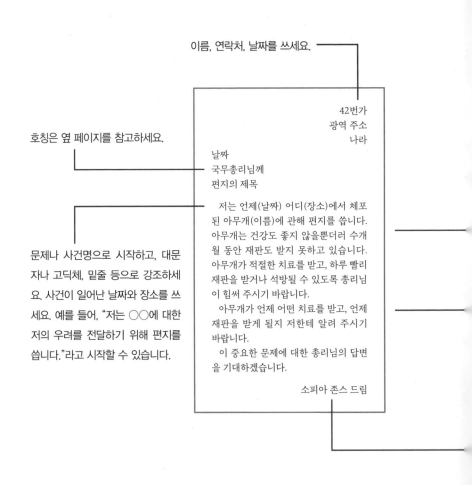

이름, 연락처, 날짜를 쓰세요.

42번가
광역 주소
나라

호칭은 옆 페이지를 참고하세요.

날짜
국무총리님께
편지의 제목

문제나 사건명으로 시작하고, 대문자나 고딕체, 밑줄 등으로 강조하세요. 사건이 일어난 날짜와 장소를 쓰세요. 예를 들어, "저는 ○○에 대한 저의 우려를 전달하기 위해 편지를 씁니다."라고 시작할 수 있습니다.

저는 언제(날짜) 어디(장소)에서 체포된 아무개(이름)에 관해 편지를 씁니다. 아무개는 건강도 좋지 않을뿐더러 수개월 동안 재판도 받지 못하고 있습니다. 아무개가 적절한 치료를 받고, 하루 빨리 재판을 받거나 석방될 수 있도록 총리님이 힘써 주시기 바랍니다.

아무개가 언제 어떤 치료를 받고, 언제 재판을 받게 될지 저한테 알려 주시기 바랍니다.

이 중요한 문제에 대한 총리님의 답변을 기대하겠습니다.

소피아 존스 드림

이메일을 쓴다면 이메일이 삭제되더라도 보일 수 있도록 제목에 명확한 요구를 적도록 하세요.

여러분이 염려하는 상황을 간략히 설명하세요. 여러분이 바라는 바를 명확히 하세요. 예를 들어, "더 이상의 권리 침해를 막기 위해 정부가 선택의정서를 비준하기를 요청합니다."와 같이 쓸 수 있습니다.

답장을 요청하는 문구를 포함시켜 보세요. "당신이 어떤 방법을 마련할 것인지 알려 주시기 바랍니다." 또는 "어떤 조치를 하실지에 관한 답장을 기다리겠습니다." 등으로 쓸 수 있습니다.

정중하게 서명하세요.

공직자들을 어떻게 불러야 할까요?
다음의 예를 참조하세요.

군주
폐하

국가수반
대통령님, 총리님

대사, 고등판무관
대사님, 고등판무관님

지방자치단체장, 교도소장
시장님, 지사님, 소장님

판사
존경하는 재판관님

장교
제독님, 장군님, 대위님

국회의원
의원님

217

정치인과 만나기

가능하다면 정치인과 만나 보세요. 여러분의 관심사에 대해 집중적으로 토론할 기회를 가질 수 있을 것입니다.

- 약속을 잡는 것을 도와줄 수 있는 정치인 사무실의 직원이 누구인지를 확인하세요. 그들과 좋은 관계를 맺도록 노력하세요.
- 정치인이나 직원에게 이메일 또는 편지를 보내세요. 여러분이 누구이고 무엇에 대해 이야기하고 싶은지에 대한 상세한 내용을 포함하세요. 이메일을 보낸 후 전화로 확인하세요. 한 번 이상 확인해야 할 수도 있습니다. 바로 답변을 받지 못하거나 거절당해도 걱정하지 마세요. 정치인들은 많은 요청을 받으니 꾸준히 시도하세요.
- 만남은 긴장될 수 있으므로 다양한 준비를 하세요. 여러분의 지지자

들이 있다는 사실을 명확히 하세요. 혼자 가지 마세요. 2명에서 4명이 좋습니다. 사전에 다음과 같은 것들을 조율하세요. 내용이 잘 전달되도록 대화를 이끌 한 사람을 미리 정하세요. 정치인과 대화할 시간은 길지 않을 것이므로 요점을 준비하세요. 명확한 목표를 설정하고, 요구 사항이 3개가 넘지 않도록 하세요. 이슈를 간단명료하게 토론하세요.

- 여러분에게 전문가로서의 역할을 바라지 않는다는 사실을 기억하세요. 만일 정치인이 잘 모르는 것에 대해 질문한다면 알아보고 다시 찾아오겠다고 대답하세요. 그 질문을 기록했다가 성실히 알아보세요.

- 가능하다면 해결책을 제시하세요. 그들은 문제를 해결하기 위해 자신들이 할 수 있는 실용적인 방법이 있다는 사실을 알 필요가 있습니다. 정부가 무엇을 해야 한다고 생각하는지, 또 정치인들이 할 수 있는 일이 무엇인지 알려 주세요. 이는 만남 후에 그들이 발전할 기회를 제공할 것입니다.

- 만남이 마무리될 때, 시간을 내 줘서 감사하다고 인사하세요. 그리고 여러분의 요구 사항을 한 번 더 요약해서 알려 주세요. 가능하다면 핵심과 3개의 요청 사항을 정리한 한 장짜리 문서를 건네세요. 혹은 다른 방식으로도 소통할 수 있습니다. 정치인에게 여러분의 연락처를 자세히 알려 줘서 문제들에 관해 계속 연락을 취할 수 있게 하세요.

- 후속 조치: 만남에서 논의된 주요 내용과 합의된 사안을 기록하세요. 기록을 읽어 보고 다음번에 발전시킬 부분이 있는지 생각해 보세요. 의미 있는 만남이었나요? 활동을 위해 다른 사람들과 공유할 것이 있었나요?

- 만남 후에 정치인에게 편지를 써서(또는 편지를 써 줄 수 있는 사람에게 부탁을 해서) 시간을 내어 준 것에 대해 재차 감사 인사를 하세요. 여러분의 핵심을 다시 한번 이야기하고, 여러분이 원하는 것과 정

치인이 동의한 것에 대해 환기시키세요. 여러분이 알아보겠다고 했던 정보를 잊지 말고 덧붙이세요. 만남 때 찍은 사진을 보내세요. 정치인에게 그 이슈에 관한 최신 소식을 계속해서 알려 주겠다고 하세요.

만남의 결과는 다음 세 가지 중 하나일 것입니다.

- 정치인이 모든 것에 동의하고 그것을 하겠다고 약속하는 것입니다. 이는 가장 좋은 결과입니다. 여러분이 해야 할 것은 정치인이 약속을 지키는지 지켜보는 것입니다.
- 정치인이 일부 사항에만 동의할 수도 있습니다. 이 경우 여러분은 지속적으로 연락하면서 추적할 필요가 있습니다.
- 정치인이 노력하겠다는 약속을 하지 않는 것입니다. 이럴 때는 다른 전략을 찾아야 합니다. 최소한 정치인의 입장이 무엇인지는 파악해야 합니다.

정치인에게 아동권리 위반에 대해 조사하도록 로비하는 것을 고려해 보세요. 특별 정부 위원회를 통해서 조사할 수 있습니다. 정치인에게 헌신적인 아동권리 위원회를 설치하도록 독려하세요. 또는 다른 인권 위원회가 아동권리에 많은 관심을 쏟을 수 있도록 압력을 넣을 수 있습니다.

8. 지혜롭게 주장하기

변화를 이루기 위해서는 의사소통 방식이 중요합니다. 사람들이 여러분을 외면하지 않고 함께하도록 격려해야 합니다. 이를 위해서는 신중한 계획뿐 아니라 창의력이 필요합니다.

먼저, 목표로 하는 대상이 누구인지를 확인하세요. 누구에게 전달하고 싶나요? 메시지를 어떻게 전달할 생각인가요? 목표로 하는 대상이 어떤 사람들인지 파악하면 그들의 마음을 움직일 방법을 찾는 데 도움이 될 것입니다. 여러분이 누구를 목표 대상으로 삼았는지 명확히 하고 그들의 삶의 맥락을 이해하려고 노력하세요. 그들의 관심과 동기를 파악하세요. 관심을 사로잡을 긍정적인 방법이 무엇인지 생각해 보세요.

다음으로 그들을 여러분의 편으로 만들 방법을 찾아보세요.

- 여러분이 어떤 캠페인을 진행하고 있는지, 여러분이 누구인지, 여러분의 목표가 무엇인지를 명확히 하세요.
- 문제를 인간적으로 바라보게 만드세요. 실존하는 사람의 이야기를 통해 여러분이 말하고자 하는 바를 분명히 하세요. 잠재적인 영향에 대해 보여 주세요.
- 누군가의 이야기나 사진을 사용하기 전에 반드시 동의를 받으세요.
- 자신들이 변화를 만들 수 있다는 사실을 믿도록 희망찬 메시지로 사람들을 격려하세요.
- 두려움이나 트라우마를 유발할 수 있는 언어나 이미지는 피하세요.

- 어떤 권리가 위반되었는지, 그것이 왜 문제인지 명확히 설명하세요.
- 권리 부정의 책임이 누구에게 있는지 이야기하세요.
- 명료하고 쉽고 능동적인 용어를 사용하세요.
- 타인의 권리를 존중하며 차별적이지 않은 단어와 사진을 사용하세요.
- 여러분이 사람들에게 원하는 것이 무엇인지를 명확히 하세요.

정치에 참여하는 것을 고려해 보세요. 여러분은 권리 존중을 중시하는 미래의 지도자이자 정책 결정자가 될 수 있습니다. 정치로 이어지는 좋은 경로는 학교의 학생 위원회 같은 작은 지역 활동을 시작하는 것입니다. 여러분의 능력을 키우고 정치적 과정에 대한 이해를 발달시킬 수 있습니다. 정치인들이 어떻게 하는지 유심히 보세요. 그들과 직접적인 관계를 맺고 조언을 구하세요.

9. 대중에게 알리기

여러분은 대중 캠페인을 시작하고 싶을 수 있습니다. 많은 사람들이 여러분의 목표를 지지한다면, 권력을 지닌 사람들에게 행동하라는 압력을 가할 수 있습니다. 여러분은 끈질겨야 합니다. 변화가 생길 때까지 캠페인이 계속될 것이라는 사실을 보여 주세요.

다시 한번 말씀드리지만 전략적으로 행동하세요. 주요 청자가 누구인지 확인하세요. 주위에 여러분을 지원해 줄 요소나 사람이 있는지, 그리고 큰 영향력을 행사할 수 있는 것이 무엇인지 찾아보세요. 또한 언제나 여러분과 다른 사람들의 안전을 살펴야 한다는 사실을 잊지 마세요.

다음의 단계들을 고려하세요.

인지도 쌓기

상황에 맞춰 발언하세요. 먼저, 정치인이나 '캠페인 대상'(여러분의 이슈와 관련된 변화를 만들 수 있는 힘을 지니고 있는 사람들)에 대해 조사한 내용을 활용하세요. 어떻게 하면 그들에게 가장 큰 영향을 미칠 수 있는지 고민하세요. 우리는 말하는 상대가 누구인지에 따라 소통하는 방식을 바꿉니다. 예를 들어, 선생님에게 말하는 방식과 친구에게 말하는 방식이 다르지요. 캠페인을 할 때도 마찬가지입니다.

많은 대중과, 또 공동체의 사람들과 어떻게 관계를 맺을지 생각해 보세요. 누가 여러분의 지지자가 될 수 있을지, 어떻게 지지자로 만들 수 있을지 조사해 보세요. 여러분이 무엇에 관심이 있고 왜 그런 열정을 갖게 되었는지를 이야기하는 것도 좋은 방법입니다. 이를 통해 여러분과 함께하는 사람들이 생길 수 있습니다.

여러분의 메시지를 창의적이고 혁신적인 방식으로 전달하세요. 언론에 이야기하세요. 지역, 전국, 국제 언론 모두 가능합니다. 소셜 미디어에도 소식을 올리세요. 여러분의 공동체에서 행사를 열거나 행사장에 가판을 설치하고 포스터를 붙이세요.

창의적으로 생각하세요. 어떤 행동이 대중, 언론 *그리고* 캠페인 대상의 관심을 (그리고 지지를) 이끌 수 있을까요? 설치 미술, 침묵 시위, 현수막의 창의적인 문구, '비폭력 직접 행동'이 기억에 남는 방식으로 사람들을 참여시키는 좋은 방법일 수 있습니다.

비폭력 직접 행동에는 편지 쓰기, 탄원 서명 모으기, 시위, 집회, 언론 홍보 등 다양한 활동이 있습니다. 대사관 앞에서 철야 농성하기, 집회를 조직하거나 참여하기, 바닥에 슬로건 쓰기, 언론에 알리기 등이 가능합니다. 이러한 활동은 여러분이 안전할 때만 해야 한다는 사실을 잊지 마세요.

사람들에게 문제에 대해 알렸다면 주위 사람들이 활동에 참여하도록 독려하세요. 예를 들어 탄원에 서명하거나 평화적 시위에 참여할 수 있습니다. 여러분의 캠페인 대상을 설득할 수 있는 지도자, 조직, 사람들이 누구일지 생각해 보세요. 그들이 캠페인 대상을 만나서 그 문제에 대해 생각을 나눠 볼 의지가 있는지 알아보세요.

캠페인 확장하기

가능하다면, 여러분의 캠페인 홍보를 위해 하나 이상의 소셜 미디어 계정을 만들고 열심히 관리하세요. 비슷한 관심사와 지향을

지닌 활동가와 인플루언서들과 친구를 맺으세요. 그들의 대화에 참여하고, 그들이 여러분의 대화에 참여하도록 만들어 보세요. 온라인에서 목표를 공유하는 사람들 간에 호의적인 네트워크를 구축하는 것은 캠페인을 더 많은 사람들에게 알리고 확장하는 데 도움이 됩니다.

하지만 소셜 미디어에서 활발히 활동하다 보면 원치 않는 관심을 받을 수 있습니다. 캠페인을 할 때 여러분의 얼굴을 드러내는 것이 안전할지 고민해 보세요. 악성 댓글은 무시하고, 여러분에게 따로 만나자고 제안하는 사람이 있다면 그가 누구든 경계하세요. 낯선 사람을 절대 혼자 만나지 마세요. 아주 안전한 공공장소가 아닌 한 여러 명과 함께 가세요. 여러분의 활동을 보호할 수 있도록

장비에 언제나 암호를 설정해 놓으세요.

인플루언서 중에 여러분이 주장하는 권리에 대해 발언했거나 지지 의사를 밝힌 사람이 있는지 조사하세요. 여러분은 온라인에서 그들과 관계를 맺을 수 있습니다. 팔로어가 수백만 명인 사람들은 답을 안 할 수도 있습니다. 그렇다고 해서 시도조차 하지 않을 필요는 없지요. 더 작은 플랫폼에서 자신이 직접 쓴 글을 올리고, 팔로어와 소통하고, 사회 변화에 대한 목소리를 내는 사람들이 있습니다. 그들이 여러분의 메시지와 요청을 행동으로 옮긴다면, 더 큰 영향력을 발휘할 것입니다. 팔로어들이 진정성을 느낄 테니까요. 그 영향으로 팔로어들이 여러분의 캠페인을 지지할 수도 있습니다.

정치인들과 관계 유지하기

캠페인 대상과 관계를 유지하는 방법을 찾아보세요. 가능하고 안전하다면, 그들을 온라인에서 팔로우하고, 그들이 참석한 행사에 찾아가서 질문을 하세요. 또한 그들이 소셜 미디어에 올린 게시물에 예의 바르고 건설적으로 관여해 보세요. 필요하다면 답변이 올 때까지 만남이나 변화를 요청하세요. 여러분이 주위에 있다는 사실과 여러분이 그들에게 원하는 것이 무엇인지를 그들이 잊지 않도록 꾸준히 연락하세요.

조심하세요! 캠페인을 진행하면서 발생할 수 있는 위험을 신중히 생각하세요. 공공 캠페인에 여러분의 얼굴을 공개했다가 온라인과 오프라인에서 괴롭힘과 폭력을 당할 수 있습니다. 여러분이 어디에 사느냐에 따라 이는 매우 위험할 수 있습니다. 무언가를 시작하기 전에 부정적인 것들을 포함해서 가능한 시나리오와 결과를 모두 생각해 보세요. 이러한 위험을 줄이기 위해 어떤 예방책을 세울 수 있을까요?

10. 목소리를 높이기. 평화적 시위를 활용하기

여러분에게는 표현의 자유와 더불어 평화적 시위를 할 권리가 있습니다. 여러분은 공동의 목적을 위해 모일 수 있습니다. 긍정적

인 변화를 가져오기 위해 창의적으로 도전하는 것은 여러분의 권리입니다. 여러분의 의사를 안전하고 지혜롭게 표현하세요. 그리고 여러분이 주장하는 권리가 무엇인지를 명확히 하세요.

여러분과 친구들은 마음껏 펼칠 수 있는 다양한 재능을 지니고 있습니다. 스펙터클해지세요. 현상에 문제를 제기하고, 평화적으로 토론하고, 사람들의 관심을 사로잡으세요. 여러분이 목소리를 내는 곳이 온라인이든 오프라인이든 여러분의 문제 제기에 사람들이 관심을 가질 수 있도록 노력하세요. 소셜 미디어를 활용할 수도 있고, 거대한 인형과 함께 행진할 수도 있습니다.

여러분이 홍보에 성공할수록, 더 많은 사람들이 여러분의 문제 제기를 인식하게 될 것입니다. 여러분으로 인해 사람들이 문제를 알고 깊이 생각해 보게 된다면, 여러분은 긍정적인 변화에 더 많이 기여할 수 있을 것입니다.

시위는 강력한 수단입니다. 안전하기만 하다면, 여러분의 권리를 주장할 권리가 있다는 사실을 기억하세요. 여러분의 권리를 당당히 주장하세요. 그러면서 즐거움을 느끼고 자신감을 가지세요.

집회 시위 조직하기

여러분이 어디에 살고 있는지에 따라 규칙과 규율이 있을 것입니다. 어떤 나라에서는 경찰에게 계획, 날짜, 시간, 예상 경로를 서면으로 제출해야 합니다. 그렇다고 경찰의 허락을 받아야 한다는 의미는 아닙니다. 경찰은 행정적인 이유로 시위 계획을 바꿔 달라고 요청할 수는 있지만 시위의 목적인 사람들에게 보이고 들리는 범위 내에서 평화적 시위가 잘 열리도록 지원할 법적 의무가 있습니다. 여러분 나라의 규정을 미리 확인해서 준수하세요.

집회 시위에 대한 여러분의 권리 알기

집회 시위는 기본권임에도 불구하고 국가, 특히 경찰은 폭력적으로 대응하곤 합니다. 여러분의 안전에 각별히 신경 쓰고, 여러분의 권리를 잘 알도록 하세요.

- 모든 사람은 자신의 의견을 거리에서 표현할 권리를 지닙니다.
- 경찰과 법 집행 기관은 평화적 시위를 할 권리가 지켜지도록 지원해야 합니다. 시위를 해산하거나 참여자를 체포하거나 협박하는 식으로 제한해서는 안 됩니다.

- 몇몇의 사람들이 시위 도중 폭력적으로 행동하더라도, 여러분은 평화적 시위를 할 권리를 지닙니다. 경찰은 일부 사람의 폭력적인 행동을 이유로 시위를 해산하거나 평화롭게 참여하고 있는 사람들을 억압하는 조치를 취해서는 안 됩니다. 경찰은 참여자들을 협박하기 위해서가 아니라 돕기 위해 시위 현장에 존재합니다. 경찰은 상황이 악화되기 전에 진정시키도록 노력해야 합니다.
- 모든 나라에서 경찰은 법을 수호하고 사회의 모든 구성원의 권리를 보장할 의무를 지닙니다. 보호하고 싶은 사람과 보호하지 않을 사람을 선택해서는 안 됩니다.
- 군중을 해산시킨다는 목적으로 총이 사용되어서는 절대로 안 됩니다.
- 여러분은 즉시 의료 조치를 받을 권리를 지닙니다.
- 여러분은 시위를 기록할 권리를 지닙니다. 정부 당국은 시위 참여자들에 대한 경찰의 행위, 폭력 또는 참여자들의 부상에 관해 촬영하고 글로 적는 것을 막아서는 안 됩니다.

아주 예외적인 경우에만 시위를 해산할 수 있습니다. 예를 들어 심각한 폭력 위협에 대한 명확한 증거가 있거나 선별적 체포 같은 덜 강압적인 방법으로는 부족할 때입니다. 여러분은 고무탄, 최루가스, 섬광 수류탄으로부터 안전할 권리가 있습니다. 이러한 것들은 심각한 상해를 입힐 뿐 아니라 사망에 이르게 할 수도 있습니다. 국제 기준에 따르면 이 무기들은 시위를 해산하기 위해 최후의 예외적인 수단으로만 사용될 수 있습니다. 이 무기들을 사용할 때에는 반드시 합법성, 필요성, 비례성 원칙을 따라야 합니다. 이는 합법적인 목적(예를 들면 생명 보호)을 위해서 제한적으로 최소

시위 준비

주의: 여러분이 처한 상황을 파악하세요. 어떤 나라에서는 경찰이 시위자들을 수색합니다. 경찰이 판단하기에 폭력으로 이어질 수 있는 물건을 여러분이 가지고 있다면 여러분을 체포할 수 있습니다. 경찰이 최루 가스를 쏠 것으로 예상되면 시위에 참여하지 않는 것이 가장 안전합니다.(232쪽)

상황에 맞게 작은 가방이나 매는 가방에 물, 과자, 손 세정제, 마스크, 선크림, 따뜻한 옷, 비옷, 현금 등을 챙기세요.

핸드폰이 있으면 완전히 충전하세요. 또한 디지털 안전을 체크하세요.(236쪽)

핸드폰이 방전됐을 때를 대비해 비상 연락처를 여러분의 손이나 종이에 적으세요.

야외에서 오래 있거나 달려야 할 때를 대비해 편한 옷과 신발을 착용하세요.

창의적인 플래카드를 만드세요. 플래카드의 문구가 잘 이해되는지 친구들에게 확인하세요.

한으로만 사용되어야 하고, 국내법의 규제를 받아야 한다는 의미입니다. 유엔인권고등판무관은 경찰의 무력과 화기 사용에 관한 유엔 기본 원칙을 온라인으로 발행했습니다. 여러분이 인터넷에 접근할 수 있다면 찾아볼 수 있습니다.

집회 시위에서 여러분의 안전 지키기

- 위험할 가능성이 매우 높다면 참여하지 않는 것을 고려해 보세요. 정부 당국이 시위에 보통 어떻게 대응하는지 생각해 보세요. 어떤 나라에서는 정부의 대응이 매우 폭력적이어서 시위 참여자가 사망하는 사례도 있습니다.
- 마스크 착용 같은 건강 관련 수칙을 따르세요. 컨디션이 좋지 않거나 다칠 수 있다면 참여하지 마세요.
- 경찰이 카메라와 촬영 장비를 위험한 물건으로 잘못 판단할 수 있다는 점을 인지하세요.
- 시위와 집회가 어떤 형태이든 상관없이 상황에 주의를 기울이세요. 분위기는 급격히 바뀔 수 있습니다. 그에 따라 경찰의 대응도 바로 바뀔 수 있습니다.
- 가능하다면 시위 현장에 혼자 가지 마세요. 단체로 행동하도록 노력하세요. '안전지대'가 어디인지 알아 놓거나 동료들과 떨어졌을 때 만날 장소를 미리 정해 놓으세요.
- 시위에 참여할 때는 경찰의 위치를 확인하고, 자리에서 가장 가까운 탈출구가 어디인지 항상 확인하세요.
- 여러분 주위에 무슨 일이 생기고 있는지 끊임없이 살피세요. 안전하

지 않다고 느껴지면 현장에서 빠져나오세요. 무슨 일이 생기고 긴장감이 고조되면 침착하게 정신을 가다듬고 위험 경고 신호에 빠르게 반응하세요.

- 지나가는 사람들이나 시위에 반대하는 사람들의 말을 무시하세요. 불필요한 언쟁에 휘말리지 마세요.

- 도망가는 군중에 휩쓸렸다면 차도에서 벗어나 안전한 인도로 갈 수 있는 길을 찾으세요. 미리 빠져나갈 길을 계획해 두세요.

- 만일 여러분이 소수자 집단에 속한다면, 경찰의 폭력을 당할 위험이 더 높은 나라들이 있습니다. 여러분이 주류 집단에 속한다면, 여러분의 나라에서 협력자를 필요로 하는 이들이 누구인지 기민하게 살피고 그들이 누구든 간에 여러분의 연대를 보여 주세요.

233

최루 가스나 후추 스프레이를 맞았을 때 대응법

경찰이 최루 가스나 후추 스프레이를 쏠 예정이라는 것과 경찰이 방독면을 착용하는 것을 알아차렸다면 탈출하도록 노력하고 바람과 반대 방향이 되도록 위치를 바꾸세요. 깨지지 않는 수경 같은 보호 장비가 있다면 착용하세요. 이런 물건을 가지고 다니면 정부 당국에 의해 위험해질 수 있는 나라가 있으니 주의하세요.

침착하세요. 당황하면 불안함이 배가됩니다.

숨을 깊이 쉬고 최루 가스와 후추 스프레이는 일시적이라는 사실을 기억하세요.

코를 풀고, 입을 헹구고, 기침을 하고, 침을 뱉으세요. 삼키지 않도록 하세요.

콘택트렌즈를 착용하고 있다면 깨끗한 손으로 렌즈를 빼거나 다른 사람에게 빼 달라고 하세요. 렌즈에 최루 가스나 후추 스프레이가 묻었다면 씻기지 않으니 렌즈를 버리세요. 렌즈를 착용한 채 눈을 비비지 않는 것이 가장 중요합니다. 만일을 대비해서 여분의 안경을 가지고 다니세요.

물과 액체 제산제가 반반 섞인 용액으로 눈을 헹구세요. 수산화알루미늄이나 수산화마그네슘 기반의 제산제만 해당됩니다. 시메티콘 기반 제산제는 안 됩니다. 잊지 말고 물을 가지고 다니세요. 눈 세척제를 가지고 다니면 정부 당국에 의해 위험해질 수 있는 나라가 있으니 주의하세요.

즉각적인 의료 조치 후 팔을 뻗은 채 가능한 한 빨리 이동하세요. 오염된 옷을 벗고 찬물로 씻으세요.

경찰이 막았을 때 대응법

경찰이 막았을 때 여러분의 대응에 따라 여러분의 권리가 침해될 위험을 줄일 수 있습니다.

미리 공부하기

경찰이 18세 미만을 대할 때 취해야 할 행동을 설명한 특별 안내서를 제공하는 나라도 있습니다. 여러분의 나라(또는 여러분이 살고 있는 나라)에서 적용되는 규칙을 조사하고 알아 놓으면 경찰이 여러분을 막아 세웠을 때 여러분이 어떤 권리를 지니는지 알 수 있을 것입니다.

경찰이 직권을 남용할 위험을 줄이기 위해 경찰에게 어떤 법을 근거로 여러분을 멈추게 하고 질문하고 조사하는지 물을 수 있습니다. 하지만 여러분 나라의 경찰 문화를 항상 염두에 두세요. 여러분이 경찰의 말에 순순히 따르지 않거나 불법적인 요구에 응하지 않을 때 경찰이 어떻게 반응할지 예상해 봐야 합니다. 여러분의 권리를 주장했을 때 위험이 따를 수도 있습니다. 여러분의 안전이 가장 우선입니다.

경찰과 말하는 법

- 침착하세요. 경찰에게 정중하게 말하세요. 질문을 회피하거나 가로막지 말고, 적대감이나 공격성을 드러내지 마세요.
- 법적 요건이 갖추어졌을 때만 이름과 신분을 밝히세요.
- 여러 나라에서 묵비권이 보장됩니다. 여러분 나라의 법을 공부해서 경찰에게 잘못된 정보를 주지 않도록 하고, 법적인 요건이 갖추어지지 않으면 질문에 대답하지 않도록 하세요.
- 어떤 나라에서는 여러분이 불법적이거나 훔친 물건을 숨기고 있다고 의심할 만한 충분한 이유가 있을 때에만 경찰이 여러분과 소지품을 수색할 수 있습니다. 영장이 있을 때에만 가능한 나라도 있습니다. 여러분 나라의 수색 과정을 공부해서 불법적인 수색에 응하지 않도록 하세요.

체포되었을 때

경찰이 여러분을 체포하고 구금했을 때 즉시 변호사를 요청하세요. 변호사와 의논하지 않은 상태에서는 질문에 대답하거나 서명하거나 결정하지 마세요.

고소하기

위험을 줄이기 위해 가능한 모든 노력을 했어도 경찰은 여러분의 권리를 위반할 수 있습니다. 여러분은 경찰을 고소할 수 있습니다. 여러분은 다음과 같은 단계를 밟을 수 있습니다.

- 경찰을 만날 때마다 이름, 배지 번호, 소속 부서 등을 적어 두세요. 자세한 정보는 여러분이 고소를 할 때 중요할 수 있습니다.
- 안전하다면, 여러분 또는 목격자가 경찰과의 접촉 현장을 촬영하세요. 이는 여러분의 권리가 침해되었다는 증거로 활용될 수 있습니다.
- 잠재적인 증인들에게 이야기하고, 가능하면 증인들의 이름과 인적 사항을 받아 두세요.
- 부상을 입었다면 사진으로 찍어 증거를 남기세요. 그리고 즉시 의료 처치를 받으세요.

디지털 안전 이해하기

어떤 나라에서는 정부가 인권 활동가들을 감시하기 위해 '스파이웨어' 같은 비밀 감시 기술을 사용한다고 알려져 있습니다. 이는 사생활 권리를 위반할 뿐 아니라 국가 감시가 허용되는 선을 넘은 것입니다.

여러분 나라의 법과 관습에 따라 예상되는 위험에 대해 공부하세요. 그러나 거짓 음모론에 휩싸일 수 있다는 사실도 염두에 두세요. 핸드폰 같은 통신 장비를 갖고 있다면 다음 항목을 체크해 보세요. 디지털 안전과 사용법을 이해하면 시위 준비를 더 철저히 할 수 있습니다. 이는 또한 여러분, 친구들, 지역 사회의 안전에 도움이 될 것입니다.

시위에 참여할 계획이라면 핸드폰은 중요한 도구가 될 수 있습니다. 핸드폰으로 정보를 수집하고, 동료를 모으고, 시위를 기록하고, 다른 사람들을 도울 수 있습니다.

시위에 참여하기 전에 핸드폰 안전에 대한 다음의 조언을 참조하세요.

시위할 때 핸드폰 사용의 위험성

- 분실 위험

- 경찰의 압수
- 네트워크 불안정과 과부하로 인한 서비스 중단

일부 나라에서 감시 위험

- 활동가 핸드폰에 악성 스파이웨어 설치
- 무전기 등 전파를 이용한 통신에 대한 감시
- 트위터와 같은 대중적인 소셜 미디어 사이트에 대한 접근 제한 등 인터넷 접속 방해
- 시그널, 왓츠앱 같은 문자와 음성 서비스 사용 방해
- 데이터 이용량 확인 및 연결된 장치 식별을 위해 시위 현장 근처의 공공 와이파이 조사
- 참여자 추적 및 식별을 위해 시위 현장 근처의 기지국에서 기록 조회

시위 참여 전 확인할 점

- 핸드폰 화면 잠금을 설정하세요. 최소 6자리 비밀 번호나 문장형 암호를 사용하세요. 얼굴 또는 지문 인식 같은 생체 암호는 핸드폰 잠금을 강제로 해제하는 데 사용될 수 있습니다. 여러분은 해당 암호를 비활성화할 수 있습니다.
- 핸드폰 자료를 백업해 놓으세요. 연락처, 문자, 미디어를 비롯한 개인적인 내용을 백업하세요. 메시지 전송 앱도 잊지 말고 백업하세요.
- 여분의 배터리 또는 완충한 보조 배터리를 챙기세요.
- 비상 연락처나 변호사의 번호 같이 중요한 정보를 종이나 몸에 적어

놓으세요.

- 핸드폰 요금을 충전하고, 데이터가 충분히 남아 있는지 확인하세요.

- 시위 현장에서 사용할 예정인 앱에 능숙해지도록 하세요. 또한 모든 앱이 최신 버전이 되도록 업데이트 하세요.

- 핸드폰 저장 용량을 체크하세요. 저장 용량이 갑자기 부족하지 않도록 충분한 용량을 확보하세요. 외장 메모리 카드를 사용하는 것도 한 방법입니다.

- 단축키를 설정하세요. 공공장소에서 핸드폰을 사용할 때는 더 조심해야 합니다. 실행 버튼이나 단축키를 사용하면 시간을 절약할 수 있습니다. 예를 들어 카메라 앱을 열 때나 긴급 메시지를 보낼 때 단축키를 사용할 수 있습니다. 단축키를 익히고 사용법을 연습하세요. 여러분이 단축키를 설정할 수 있을 겁니다.

- '내 핸드폰 위치 찾기' 기능을 설정하면 핸드폰의 위치를 알 수 있고, 필요시 원격으로 콘텐츠를 삭제할 수 있습니다. 대부분의 핸드폰에 이 기능을 설정할 수 있으니 이 기능에 익숙해지도록 하세요.

핸드폰 카메라 사용하기

- 시위 현장에서는 카메라 플래시나 촬영 소리 같은 작은 것들이 불필요한 이목을 끌 수 있습니다. 카메라를 매너 모드로 설정하세요.

- 영상 촬영 중 카메라를 빼앗길 수 있으니 핸드폰을 잠근 상태에서 카메라 앱을 여세요. 여러분의 핸드폰을 뺏은 사람들이 핸드폰 콘텐츠에 접근할 수 없어야 합니다.

- 다른 사람들의 사생활을 침해하지 않도록 주의하세요. 사진이나 영상을 찍는 동안 친구나 동료들의 신상이 노출되어 위험해질 수 있습니

다. 사진이나 영상을 공유하기 전에 그들의 얼굴을 알아볼 수 없게 가리세요. 핸드폰의 빠른 모자이크 편집 기능을 사용할 수 있습니다. 또한 안드로이드 폰은 옵스큐라캠, 아이폰은 시그널 앱 등이 사생활 보호에 도움이 됩니다.

시위 현장에서

- 시위 전이나 시위 동안 동료들과 소통하려면 시그널이나 와이어 같이 메시지를 암호로 변환시켜 전송해 주는 앱을 사용해 보세요.
- 정부 당국은 시위 참여자들을 식별하기 위해 기지국 같은 설비를 이용하거나 이동 통신사에 자료를 요청하기도 합니다. 여러분이 시위 도중 통화를 하지 않거나 인터넷에 접속하지 않는다면 핸드폰을 비행기 모드로 설정하세요. 비행기 모드는 데이터 전송을 차단하고, 추적을 최소화하며, 배터리를 절약할 수 있습니다.

관련 법 살펴보기

여러분이 어떤 권리에 관심을 갖느냐에 따라, 법 개정을 원하게 될 수도 있습니다. 여러분도 알다시피, 아동권리협약을 비롯한 인권 조약에 비준한 모든 정부는 국제법에 의거해 약속했습니다. 정부는 약속을 지켜야 할 의무뿐 아니라 조약이나 협약의 내용을 자국에서 이행할 의무가 있습니다. 따라서 정부가 효율적으로 이행하고 있는지 혹은 이행을 위해 필요한 변화가 있는지 확인해야 합니다.

협약은 정부에 '성실히' 준수하기를 요청합니다. 협약은 정부가 아동권리를 어떻게 실현해야 하는지에 대해 구체적인 방법을 말하지는 않습니다. 나라마다 정치 구조가 너무 다르기 때문입니다. 이는 각 나라의 (그리고 주의) 법에 따라 아동권리를 실현하는 방식이 매우 다양하다는 의미입니다. 법적 절차 또한 각기 다르기 때문에 경우에 따라서는 아동권리를 실현하기 위해 매우 복잡한 전략을 세워야 할 수 있습니다. 따라서 전 세계에 통용되는 명확한 법적 가이드를 제공하기란 불가능합니다. 여러분은 여러분이 사는 곳에서 어떤 법이 적용되는지를 조사해야 할 것입니다. 이는 마치 법의 미로에 들어간 것 같은 느낌을 줄지도 모릅니다. 지역 법률 사무소, 자선 단체, 시민 단체가 유용한 자원을 가지고 있는지 이야기를 나눠 보세요. 변호사 또는 선생님과 이야기를 나누는 것이 자세한 현황을 파악하는 데 도움이 될 수 있습니다. 더 많은 청소년이 함께 권리를 요구할수록 성공 가능성이 높아진다는 사실을 잊지 마세요. 연대와 공동 행동은 매우 효과적입니다.

여러분이 협약을 비준하지 않은 미국에 살고 있더라도 여러분의 권리를 주장할 방법이 있습니다. 미국은 연방 국가이므로 주 정부가 아동권리를 주 헌법에 포함시킬 수 있습니다. 또한 주 정부와 지방 정부는 아동권리를 주 법률과 지방 조례에 포함시킬 수도 있습니다. 다만 주 차원에서는 국가적인 효력을 지닌 법으로 제정할 수는 없으며 이는 국가적 수준에서 추진돼야 합니다. 여러분은 미국이 협약을 비준하도록 촉구하는 캠페인에 참여할 수도 있습니다.

정부가 아동권리를 실행하는 다양한 방법

정부 또한 사람들이 모여 만든 것입니다. 우리들 대부분과 마찬가지로 정부도 가장 간단하거나 비용이 저렴한 방법을 따르고 싶은 유혹을 느낄 것입니다. 정부는 실행하기 가장 쉬운 보호를 선택할 수도 있습니다.

여러분의 나라가 협약의 내용을 국내법에 '직접 편입'시켰다면,

잘된 것입니다. 이는 협약이 아동과 관련된 모든 법률에 통합됐다는 의미입니다. 공공 기관은 이를 준수할 의무가 있고 재판을 통해 강제될 수 있습니다.

하지만 여러분의 나라가 '간접 편입'을 했다면 아동권리에 대해 강제할 힘이 별로 없습니다. 협약이 충분한 영향력을 지니기 위해서는 정부가 완전한 입법을 해야 합니다. 세 번째는 '단편적인 또는 부분적인 접근'이라고 불립니다. 이에 따라 정부는 국내법에 어떤 권리를 포함시키고 어떤 권리를 무시할지를 선별합니다. 이는 당연히 침해로 이어질 수 있습니다.

특정한 권리에 대해 유보 조치를 취하는 정부도 문제입니다. 이러한 정부는 협약을 온전히 옹호하지 않습니다.(34쪽) 여러분의 정부가 여기에 속하는지 조사해 보세요. 여러분의 정부가 이러한 태도를 취하고 있고, 여러분이 이에 동의하지 않는다면, 여러분은 유보 취소를 촉구하는 캠페인을 할 수 있습니다.

또한 여러분의 나라가 협약을 국내법에 직접 편입하도록 요구하는 캠페인을 생각할 수도 있습니다. 이는 아동권리에 큰 변화를 가져올 것입니다. 이미 이러한 캠페인이 진행되고 있는지 조사해 보고, 캠페인이 진행되고 있다면 여러분의 목소리를 더할 방법을 찾아보세요.

아동권리에 대한 책임은 누구에게 있을까?

국가적으로

정부는 일상의 모든 면에서 여러분의 권리를 보장해야 할 의무가 있습니다. 정치인들은 법 이행뿐 아니라 나라의 원만한 운영에도 책임이 있습니다. 기초지방자치단체, 광역지방자치단체, 중앙정부 모두 마찬가지입니다.

법원, 경찰, 학교, 공공 서비스, 병원 같이 정부에 의해 규제되는 공공 기관은 아동권리를 옹호할 의무가 있습니다.

지역 조례를 바꾸고 싶다면 지방자치단체의 특성에 따라 다양한 캠페인을 할 수 있습니다. 예를 들어 지역 정치인들에게 입법권이 거의 없다면, 여러분은 모든 지방 공무원이 협약의 내용을 준수

하도록 규정하는 조례 제정을 제안할 수 있습니다. 또한 모든 판사와 변호사들이 아동권리에 대한 교육을 받도록 요청할 수 있습니다.

만일 여러분의 권리가 위반되거나 침해된다면, 여러분은 관련 기관을 찾아갈 수도 있고 정치인에게 알릴 수도 있습니다. 그들은 여러분이 제기한 문제를 해결하기 위해 노력할 의무가 있습니다. 예를 들어 여러분이 학교에서 차별을 당했다면 관할 체계에 따라 선생님에서 시작해 교장, 학교 위원회, 지방 정부, 지역 정치인, 교육부, 필요하면 법원에까지 이의를 제기할 수 있습니다.

궁극적인 목적이 여러분 나라의 법을 개정하는 것이라면, 이는 매우 어렵습니다. 법은 대체로 여론 및 전통과 복잡하게 연결되어 있습니다. 따라서 지속적인 교육과 관심을 높이는 데 오랜 시간 공을 들여야 할 것입니다.

여러분이 사는 지역이나 나라에 있는 **옴부즈퍼슨**이나 아동권리위원회에 의뢰하고 촉구하는 것도 고려해 볼 수 있습니다. 그들의 역할은 아동권에 더 많은 관심을 기울이고 아동권을 보호하는 것입니다.

행동하기

기후 위기 활동가 마리넬 수묵 유
발도는 16세 때 기후 변화의 파괴
적인 영향을 경험했습니다. 2013년
11월 13일, 가장 강력한 태풍 중 하
나로 기록된 욜란다 태풍으로 필리
핀 동쪽 사마르 지역의 마타리나오
마을이 파괴되었습니다. 6300명이

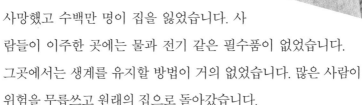

사망했고 수백만 명이 집을 잃었습니다. 사
람들이 이주한 곳에는 물과 전기 같은 필수품이 없었습니다.
그곳에서는 생계를 유지할 방법이 거의 없었습니다. 많은 사람이
위험을 무릅쓰고 원래의 집으로 돌아갔습니다.

마리넬은 정부의 대응이 부적절했다고 비판했습니다. 그녀는
청소년 활동가가 되어 필리핀 정부에 마타리나오 사람들이 필요
로 하는 것을 공급하라고 촉구했습니다. 또한 필리핀인권위원회
에 47개의 주요 화석 연료 기업과 탄소 배출 기업이 환경 파괴를
통해 인권을 위반하지 않았는지를 조사하라고 요구했습니다. 이
는 국가의 인권위원회가 기후 변화에 대한 책임을 물어 기업을 조
사한 첫 번째 사례입니다. 또한 기후 변화에 책임이 있는 기업에
대해 향후 법적 소송을 할 수 있는 기반이 될 것입니다.

법적 소송하기

여러분이 이미 정치인에게 연락을 했지만(214쪽), 그들이 지원하지 않는다면 여러분은 법적 조치를 고려해 볼 수 있습니다. 다음의 단계를 참고하세요.

- 먼저, 여러분이 사는 곳이나 법적 조치를 취하고 싶은 지역에서 어떤 절차를 거쳐야 하는지 알아보세요.
- 가능하고 적절하다면, 여러분이 좀 더 공식적인 법적 경로를 밟는 것에 대해 가족들이 어떻게 생각하는지 가족들과 이야기해 보세요.
- 무료로 상담을 해 줄 인권 변호사나 아동권리 변호사가 있나 찾아보세요. 많은 나라들이 *프로보노*(무료) 서비스를 운영하고 있습니다.
- 여러분의 나라가 비용을 지불할 수 없는 사람들에게 무료 법률 지원을 제공하는지도 알아보세요.
- 어떤 나라에서는 시민 사회 조직이나 단체가 여러분을 대신해서 법적 조치를 취할 것입니다. 이렇게 하면 여러분 자신을 사람들에게 알리지 않아도 되기 때문에 더 안전한 방법이 될 수 있습니다.
- 여러분의 이야기를 진지하게 받아들이는, 여러분이 믿을 수 있는 변호사를 선택하세요.
- 변호사가 여러분과 다른 사람들의 안전을 보호할 수 있는지 확인하세요.
- 안전하지 않으면 법적 절차를 시작하지 마세요.

국제적으로

전 세계적으로 중요한 국제 인권 협약은 모두 협약 기구를 가지고 있습니다. 협약 기구는 전 세계 나라에서 이러한 권리들이 옹호되고 있는지를 독립적인 전문가들이 감시하는 위원회입니다. 유엔아동권리협약의 협약 기구는 유엔아동권리위원회입니다. 협약에 비준한 모든 정부는 정기적으로 보고서를 제출해야 합니다. 위원회는 아동권리와 관련해 각각의 나라들을 세심히 살펴보고 위반 시에는 경고를 합니다. 만일 어떤 나라가 법을 어긴다면, 그 나라는 위법 행위의 심각성 정도에 따른 제재를 받게 됩니다.

다른 유엔 협약 기구와 마찬가지로 유엔아동권위원회도 **일반 논평**을 발간합니다. 이는 협약에 비준한 정부에 제공하는 안내서입니다. 일반 논평은 특정한 문제를 명확히 하고 해석하는 것을 도와줍니다. 위반 가능성이 있는 부분을 미리 분석하고, 정부에 의무를 이행하는 방법에 대해 조언합니다.

위원회는 또한 제3선택의정서를 감독합니다.(41쪽) 여러분의 권리를 존중받기 위해 여러분 나라의 모든 일반적인 법적 절차를 시도했는데도 여전히 싸워야 한다면, 여러분의 나라가 제3선택의정서를 비준했는지 확인해 보세요. 비준했다면, 위원회에 여러분의 고충을 알릴 수 있습니다. 비준하지 않았다면, 다른 유엔 시스템이나 지역에 있는 인권 협약 기구를 활용할 수 있습니다. 아프리카헌장, 유럽인권협약, 유럽사회헌장, 미주인권협약, 산살바도르

의정서 등이 있습니다. 하지만 이러한 지역 협약 기구에 속해 있지 않거나 제3선택의정서를 비준하지도 않은 나라들도 있습니다. 여러분은 이 나라들이 제3선택의정서를 비준하거나 지역 협약 기구에 가입하도록 하는 캠페인을 고려해 볼 수 있습니다.

행동하기

2019년 9월, 8세에서 17세 사이의 기후 활동가 16명이 유엔아동권리위원회에 청원을 했습니다. 이들은 키아라 사치(아르헨티나), 카타리나 로렌초(브라질), 아이리스 뒤켄(프랑스), 라이나 이바노

바(독일), 리디마 판데이(인도), 리토크네 카부아, 데이비드 애클리 3세, 랜턴 안자인(마셜 제도), 데버라 아데그빌레(나이지리아), 카를로스 마누엘(팔라우), 아야카 멜리타파(남아프리카 공화국), 그레타 툰베리(스웨덴), 라스렌 쥬발리(튀니지), 알렉산드리아 빌라세뇨르, 칼 스미스(미국)입니다. 이들은 기후 위기에 정부가 적절한 대응을 하지 않은 것에 대해 기념비적인 공식 항의를 했습니다. 이들은 유엔에 속한 나라들이 기후 위기에 개입하지 않는 것은 아동권리 위반이라고 주장했습니다. 기후 변화로 인한 파괴적인 영향으로부터 아동들을 보호하기 위한 조치를 취하도록 위원회가 정부에 명령할 것을 촉구했습니다. 이들은 제3선택의정서에 근거해 이의를 제기했습니다.

66 우리 모두는 우리의 지구를 향유할 권리를 지닙니다.
우리 모두는 그 권리를 존중해야 합니다.
우리 세대는 미래 세대를 위해
기후 변화를 막도록 노력할 것입니다."

카를로스 마누엘.

정신 건강 돌보기

활동을 하고 권리를 주장하는 것은 즐겁고 힘을 북돋아 줄 수 있습니다. 여러분은 인권을 존중하고 보호하고 싶어 하는, 여러분과 같은 꿈과 추진력을 가진 전 세계의 사람들과 함께 행동하고 있습니다.

하지만 활동은 여러분이 하는 활동이지, 여러분 자신이 아닙니다. 활동에는 또 다른 면이 있기 때문에 이 둘을 분리하는 것은 매우 중요합니다. 좀 더 살기 좋은 세상을 만들려고 노력하는 동안 여러분은 세상의 가장 나쁜 면을 목격할 수 있습니다. 이로 인해 여러분이 무엇을 왜 하고 있는지 의문이 생길 수 있습니다. '무슨 소용이 있겠어?'라는 생각이 들 수도 있습니다. 이는 여러분의 정신 건강에 영향을 미칠 수 있습니다.

활동과 자원봉사를 하면서 큰 스트레스를 받을 수 있습니다. 스트레스는 부담이나 위험에 여러분의 몸과 정신이 반응하는 것입니다. 스트레스는 견딜 수 있는 수준 이상의 압박이 누적될 때 발생합니다. 압박을 받는 것이 언제나 나쁜 것은 아닙니다. 하지만 압박이 오랫동안 지속되면 만성화되면서 몸과 정신 건강 전반에 부정적인 영향을 미칠 수 있습니다.

여러분이 약해서 스트레스를 받는 것이 아닙니다. 스트레스를 받는 것은 지극히 정상적인 일입니다. 스트레스 징후를 알아차리고 원인을 알면 스트레스에 더 잘 대처할 수 있습니다. 활동가들에게 흔한 스트레스 요인은 다음과 같습니다.

- 휴식 시간을 갖는 것에 대해 너무 많은 죄책감을 느끼는 것.
- 건강하지 않은 경계 설정: 자신과 다른 사람의 안녕을 간과함.
- 청소년 활동가들은 성인 중심의 환경에 큰 스트레스를 받는다는 조사가 있음.
- 전 지구적인 사회정치적, 환경적 사건: 가끔은 뉴스를 접하는 것만으로도 스트레스를 받을 수 있음.

번아웃

가끔 죄책감, 패배감, 상실감, 회의감 또는 감정적으로 지치고 무기력함을 느낀다면 여러분은 **번아웃**됐을 수 있습니다. 번아웃은 스트레스 환경이 장기간 지속되면서 기운이 빠지고 사람들과 단절된 상태가 점점 심해진 것입니다. 번아웃은 불안, 성과 저하, 불면증, 사회적 단절, 주의력 결핍, 부정적 사고, 삶에 대한 불만족 같은 심각한 결과를 초래할 수 있습니다. 전문가들은 활동가들과 자원봉사자들의 번아웃이 사회 정의 활동을 지속하는 데 가장 큰 장벽 중의 하나라고 말합니다. 결국에는 번아웃이 사회 변화를 막을

수 있는 것이지요.

자기 돌봄과 회복력

자기 돌봄은 무엇일까요? 현재 상황에서 어떻게 하면 투지와 회복력과 의욕을 유지할 수 있을까요?
자기 돌봄의 방법은 다음과 같습니다.

- 몸에 귀를 기울이고 들어 보세요. 충분히 자고, 움직이고, 운동하고,

영양가 좋은 음식을 먹고 자신이 좋아하는 것을 하세요.

- 디지털 기기 사용을 멈춰 보세요. 지금의 초연결 사회에서 디지털 기기를 사용하지 않기란 쉽지 않습니다. 그래도 하루를 재충전하는 데 보내 보세요. 그림을 그리고, 노래를 부르고, 책을 읽고, 글을 쓰고, 춤을 추고, 친구를 만나고, 가까운 공원에 가거나 아니면 아무것도 하지 마세요. 여러분에게는 놀고 쉴 권리가 있다는 사실을 잊지 마세요. 그 권리를 충분히 누리세요.

- 여러분이 하고 있는 일에 대해 자부심을 가지세요.

- 시간을 들여 안전한 시간과 공간을 만드세요. 그곳에서 여러분 자신과 지역 사회의 사람들을 돌보세요. 휴식을 취하는 좋은 방법이 될 것입니다. 혹은 어려운 문제에 대해 이야기할 기회를 가질 수도 있을 거예요.

- 건강한 경계를 세우세요. 여러분은 자신이 모든 것에 관여해야 한다고 느낄 수도 있습니다. 특히 긴급한 문제가 있다면 더 그럴 거예요. 감당하기 어렵다고 느끼거나 쉬고 싶다면 반드시 '아니오'라고 이야기하세요.

- 명상을 해 보세요. 긴장을 푸는 시간을 매일 가지세요.

4부

참고 자료와 정보

4

참고 자료

이 책을 읽은 여러분은 이제 권리에 대한 지식을 갖추었습니다. 권리를 요구하기 위해서는 조사를 더 해야 할 수도 있어요. 마지막 장이 조사에 도움이 되기를 바랍니다. 4부에서는 관련 용어와 더불어 아동권리를 위해 활동하는 기관들, 여러분에게 더 자세한 정보와 지지를 제공해 줄 수 있는 사람들을 소개합니다. 또한 우리가 이 책을 만드는 데 큰 도움이 된 활동을 펼치는 기관과 단체들도 정리합니다. 우리가 어떻게 이 급진적인 책을 만들 수 있었는지, 그리고 누구에게 도움을 받았는지를 알 수 있을 거예요.

관련 용어

감시 모니터링의 한 형태. 일반적으로 동의를 받지 않고, 상대방이 모르게 대화와 행동을 감시한다.

강제 노동 협박이나 처벌의 위협 속에서 자신의 의지에 반해 노동하는 것으로 쉽게 벗어나기 어렵다.

강제 수용소 재판 없이 사람을 감금하여 잔인하고 비인간적이며 치욕적인 방식으로 대우하는 공간. 나치가 유럽을 지배할 당시, 유대인을 비롯해 사람들을 대량 학살하고 노예로 부리기 위해 지어진 조직적인 강제 수용소 체계가 있었다.

강제 조혼 18세 미만의 아동을 강제로 결혼시키는 것으로 아동 결혼으로도 알려져 있다. 일반적으로 여자아이를 나이가 훨씬 많은 남성과 결혼시킨다. 여자아이가 동의를 할 수 없기 때문에 성적 학대의 한 형태이다.

검열 정부 당국이 허용할 수 없다고 간주하는 글, 이미지, 생각, 언론 등에 대한 통제와 억압.

고문 사람에게 심각한 신체적·정신적 고통을 가하는 불법 행위.

국내 실향민 폭력이나 분쟁으로 인해 고향을 강제로 떠났으나 여전히 본국에 남아 있는 사람들.

국제 연합(유엔) 세계 평화, 번영, 인권 보장을 위해 전 세계 모든 나라의 협력을 증진하려는 목적으로 2차 세계 대전 종전 후 1945년에 설립된 국제기구.

기후 위기 기후 변화와 온난화가 환경에 미치는 파괴적인 영향. 에너지와 교통을 위한 화석 연료 사용, 삼림 파괴, 해로운 농사법 등이 주요 원인이다. 기후 위기의 결과는 해수면 상승, 산호의 죽음, 야생 생물의 대량 멸종, 자연 재해, 극단적인 날씨, 음식과 물 부족, 경제 붕괴, 분쟁과 테러리즘 등이다.

난민 자신의 나라에서 심각한 인권 침해나 박해를 당할 위험이 있어 자신의 나라를 떠나온 사람들. 난민은 국제적인 보호를 받을 권리를 지닌다.

노예제 주로 경제적인 이득을 위해 사람을 자신의 소유물로 취급하여 통제하고 착취하는 제도.

논바이너리 스스로를 여성 또는 남성으로 경험하지 않는 사람. 따라서 이들은 성별 이분법에 들어맞지 않는다.

동의 성적 관계에서 성적 행위를 원하는지 여부를 명확히 밝히고, 자신의 의사가 진지하게 받아들여지는 것. 이는 상대방과 나와의 경계를 인지하고 존중하는 것을 포함한다.

로비 정치인 또는 정부의 결정 및 행동에 영향을 미치려는 행위.

망명 처형이나 심각한 인권 침해를 피해 자신의 나라를 떠났지만 다른 나라에서 법적으로 난민 인정을 받지 못한 경우. 난민 신청은 하나의 권리다.

민족 언어, 종교 같은 관점을 비롯하여 문화적 유산을 공유하는 집합체.

반유대주의 유대인에 대한 편견과 증오.

반인도적 범죄 시민을 대상으로 한 광범위하고 체계적으로 계획된 공격. 이러한 공격의 일환으로 자행된 박해, 강간, 살인 같은 범죄를 포함한다.

반인종주의 인종적 평등과 똑같은 대우를 위해 행동하고 인종주의에 대항해 싸우는 것.

백인 우월주의 백인이 다른 인종보다 우월하기 때문에 흑인이나 황인을 지배해야 한다는 믿음에 근거한 인종 차별적 이데올로기. 이는 개인이나 집단의 태도를 넘어 백인 지배를 공고히 하기 위해 고안된 구조와 제도로 확장된다.

번아웃 지속적인 스트레스 상황으로 인한 소진과 단절 상태.

법적 구속력 서명한 나라들은 협약을 준수해야 할 법적 의무를 지니며, 이는 법으로 강제될 수 있다.

불가양 인권과 관련해 사용될 때, 누구도 인권을 빼앗을 수 없다는 의미.

불처벌 인권을 침해한 사람이 재판에 회부되지 않고 법적 처벌을 받지 않는 것.

비국가 행위자 무장 단체, 시민 사회, 종교 단체, 기업 등 국가가 아닌 조직체.

비준 협약의 법적 구속력을 인정하고 서명하는 것.

비폭력 직접 행동 신체적, 개인적 상해를 가하지 않는 시위 방법.

사이버 불링 핸드폰 또는 태블릿 피시 등을 통해 온라인에서 벌어지는 모든 종류의 괴롭힘.

생리 빈곤 생리대와 생리대를 이용할 수 있는 깨끗하고 안전한 공간을 제공받을 수 없는 것. 이로 인해 많은 여성들이 교육을 비롯한 여러 권리를 누리지 못하고 있다.

선거 주나 나라의 시민들이 정치적 대변인 또는 정부를 선택하기 위해 투표하는 것.

선주민 어떤 지역이나 영토에 살고 있는 원주민으로 주류 사회 및 문화와는 뚜렷이 구별되는 관습과 전통을 지닌다.

선택의정서 기존의 인권 조약을 보완하기 위해 추가한 조약.

성년 법적으로 성인이 되는 나이로 성인의 권리와 책임도 지게 된다.

성별 불쾌감 태어날 때 지정된 신체적인 성별과 자신이 동일시하는 성별이 달라서 생기는 감정적 불편함.

성별 이분법 세상에 단지 여성과 남성이라는 2개의 성만 존재한다는 생각.

소수자 나라의 지배적인 집단과 다른 민족, 인종에 속하거나 다른 언어, 종교를 지닌 사람들.

시민 사회 공유된 이해와 목표를 향해 공동 행동이 벌어지는 공간을 지칭하는 넓은 개념. 일반적으로 정부 및 이윤을 추구하는 기업과는 구별된다. 시민 사회는 자선 단체, 비정부 기구, 지역 단체, 여성 단체, 종교 단체, 노동조합 등을 포함한다.

시위 특정 이슈에 대한 관심을 불러일으키기 위해 사람들을 조직해 특정 시간과 장소에 모이는 것.

식민주의 정치적·경제적 이익을 얻기 위해 무력을 이용해 다른 나라를 식민지로 삼거나 다른 나라에 정주하는 것. 식민주의의 토대는 제국주의이다.

신경 다양성 인간 두뇌가 기능하고 학습하고 정보를 처리하는 다양한 방식을 지칭하는 것. 예를 들어 자폐, 난독증, 통합 운동 장애, 양극성 장애를 지닌 사람을 신경 다양성이라고 지칭할 수 있으며, 이들은 일반적으로 더 많은 사회적 난관에 직면한다.

신경 전형성 사회가 기대하는 대로 뇌가 기능하고 정보를 처리하는 것.

아동권리 모든 아이들이 태어난 순간부터 성년이 될 때까지 지니는 인권.

억압 권력이 적은 개인이나 집단에게 잔인하고 부당한 권력을 행사하는 것.

LGBTI 레즈비언, 게이, 바이섹슈얼, 트랜스젠더, 인터섹스.

여성 할례 여성이 성적인 쾌감을 느끼지 못하게 하기 위해 음핵의 부분 또는 전체를 제거하거나 손상시키는 폭력적인 행위.

연대 인류애에 대한 공감을 통해 서로 차이가 있어도 상호 연결되고 지지하는 것.

옴부즈퍼슨 고충에 대해 조사하고, 문제 해결을 돕기 위해 공정한 중재 역할을 하는 공무원. 일부 나라에서만 운영하고 있다.

외상 후 스트레스 장애 매우 큰 스트레스 상황, 공포, 고통을 겪은 후에 나타나는 불안 장애.

위반 정부나 주에 의한 인권 침해.

유권자 민주주의 제도 안에서 선거 때 투표권을 지니거나 투표를 하는 사람.

유보 조약을 비준한 정부가 조약의 일부 조항을 준수하지 못할 수 있다고 선언하는 것. 이는 정부가 어떤 권리를 충실히 보장하지 않는 수단으로 이용된다.

유색인 스스로 또는 다른 사람들이 흑인 또는 황인이라고 인식하는 사람들. 이용어는 보통 백인이 지배 집단인 환경에서 사용된다.

유엔아동권리위원회 18명의 독립적인 아동권리 전문가들의 기구. 각 나라에서 정부가 아동권리를 잘 보장하고 있는지 정기적으로 모니터링한다.

유엔아동권리협약 전 세계 모든 아동의 시민적·정치적·경제적·사회적·문화적 권리에 대한 법적 구속력을 지닌 국제적 합의.

이슬람 혐오 이슬람교를 믿는 무슬림에 대한 편견과 증오.

이주민 더 낫거나 안전한 미래를 찾아 새로운 장소로 가기 위해 자신의 고향을 떠나거나 탈출한 사람들로 보통 해외로 이주한다. 대부분의 이주민은 난민에 대한 법적 정의에 들어맞지 않다. 하지만 이들이 고향으로 돌아가려고 한다면 위험할 수 있다. 박해가 아닌 다른 이유로 이주한 이들도 모든 인권을 보장받아야 한다.

인권 국제 규범 체계에서 평등, 자유, 존엄, 정의와 같은 가치에 기반하여 억압과 권력 남용으로부터 모든 사람을 보호하기 위해 고안된 개념.

인신매매 현대판 노예제로 성적 착취, 아동 노동, 강제 결혼 등을 시키기 위해 어른과 아이를 운송하는 것. 인신매매는 전 지구적 범죄 사업이다.

인종 차별 인종에 기반한 차별.

인종 청소 특정 인종이나 민족에 대한 고의적인 대량 학살.

일반 논평 유엔 인권 협약을 모니터링하는 기구가 협약에 비준한 정부들에게 제공하는 안내서. 안내서에는 정부의 주요 관심 사항, 위반 가능성, 의무 실행 방법에 대한 조언 등이 담겨 있다.

자유 박탈 감옥, 시설, 이주민 센터와 같은 통제 장소에 체포, 구금, 수감하는 것.

정부 사회의 행정 구역. 주로 지방 정부나 국가 정부를 지칭한다.

제국주의 군사력이나 다른 권력 수단을 이용하여 다른 나라의 영토를 점령하거나 영향력을 확대하려는 정책. 제국주의는 식민주의로 이어지는 사고 체계이다.

제노사이드 어떤 나라, 민족, 인종, 종교 등에 속한 사람들을 가능한 많이 고의로 살해하는 것.

제노포비아 국적에 기반한 차별. 난민이나 외국인 혐오를 예로 들 수 있다.

젠더 고정 관념 남성들에게 군림을 장려하고, 여성들의 삶은 통제하는 끈질긴 태도와 믿음. 이는 모든 사람의 생각과 선택을 제한한다.

젠더 기반 폭력 성적 폭력, 친밀한 관계에서의 폭력(가정 폭력), 강제 조혼, 여성 할례 등 사회적으로 형성된 성별 차이에 의해 가해지는 모든 폭력적인 행위.

조약 국제법에 의해 규율되는 나라들 간의 공식적인 합의.

조항 협약 안의 조목이나 항목. 아동권리협약에는 54개의 조항이 있다. 또한 정부의 역할과 아동권리위원회의 절차를 담고 있다.

주체성 독립적으로 행동하고 스스로 선택할 수 있는 능력.

증오 범죄 장애, 인종, 종교, 성적 지향, 젠더 정체성 등에 대한 편견과 적대감에서 비롯된 범죄 행위.

지속가능발전목표(SDGs) 유엔이 만든 17개의 지속가능발전목표는 지구를 보호하면서 번영을 촉진하기 위한 행동을 모든 나라에 요구하고 있다.

지역구민 민주주의 사회에서, 여러분은 여러분이 살고 있는 지역(선거구)을 대표하는 정치인의 지역구민이다.

직접 편입·국내 편입 정부가 아동권리협약을 자국법에 포함시켜 아동권리를 보장하는 것.

진화하는 능력 아동이 발달하고 성장함에 따라 책임을 질 수 있는 능력이 증가하면서 점차적으로 자율성을 지니는 정도. 이는 아동의 환경, 문화, 삶의 경험, 역량 등에 따라 다양하다.

징병 군대에 강제로 징집하는 것.

차별 인종, 성별, 젠더 정체성, 종교, 문화, 섹슈얼리티, 장애, 계급 등의 정체성을 이유로 누군가를 불공정하게 대우하는 것.

채무 노동 아동 자신이나 다른 가족들이 진 빚을 갚기 위해 아동에게 강제 노동을 시키는 아동 노예의 한 형태.

체벌 손바닥으로 때리는 것을 포함해 고통과 불편함을 주기 위해 몸에 가해지는 모든 벌.

침해 개인이나 기업 등이 저지르는 인권에 반하는 잘못된 대우. '학대 가해자'는 관계적으로 또는 성적으로 피해자를 통제하려고 하는 사람을 지칭한다.

카스트 상층 계급은 특권을 누리고 하층 계급은 차별을 받는 사회적 위계의 세습 형태.

트라우마 유대 피해자와 학대 가해자 사이에 감정적 애착이 생긴 것.

트랜스포비아 트랜스젠더와 논바이너리에 대한 차별.

특권 특정 사회 집단에 속하거나 정체성(성별, 인종 등)을 지녔다는 이유로 얻게 되는 우연한 혜택.

포괄적 성교육 과학적으로 정확하고, 현실적이며, 객관적인 정보를 제공함으로써 연령에 적합하고 문화적 맥락에 맞는 성과 관계에 대한 교육.

학대 가해자 학대를 저지르거나 권리를 침해한 사람, 조직, 정부, 또는 비국가 행위자.

행진 평화적 집회 및 결사의 권리를 활용하여 사람들이 합의된 경로를 따라 행진하는 시위의 한 형태.

활동 여러분에게 중요한 것에 대해 행동으로 옮기고 긍정적인 변화를 요청하는 것.

헌장 조직의 목적을 정의하고 원칙을 규정하는 공식 문서. 또는 서로의 권리를 보장한다는 법률적 합의.

협약 주나 나라들 간에 법적 구속력이 있는 합의 사항. 협약을 비준한 정부들은 협약을 이행할 법적 의무를 지닌다.

호모포비아 섹슈얼리티를 이유로 한 성소수자에 대한 차별.

홀로코스트 2차 세계 대전 동안 나치가 600만 명의 유대인을 비롯해 다른 소수자들을 대상으로 자행한 고의적 대학살.

희생양 사회적 문제가 발생했을 때 진짜 원인으로부터 관심을 돌리기 위해 어떤 사람이나 집단을 부당하게 비난하는 것.

관련 기관

아동권리를 위해 활동하는 비정부 기구가 많습니다. 가장 필요한 것이 무엇인지를 생각해 보면 여러분에게 적합한 기관을 찾을 수 있을 것입니다. 여러분은 무엇이 필요한가요? 전문가의 조언이나 비밀을 나눌 사람인가요? 믿을 수 있는 정보를 찾고 있나요? 다른 사람들과 안전하고 효과적인 네트워크를 맺고 싶은가요?

여기에서는 많은 기관들 중 일부만 소개하고 있습니다. 이 기관들을 출발점으로 삼아 다른 기관들을 찾아보도록 하세요. 또한 여러분의 나라에 아동권리위원들이 있는지 확인해 보세요. 그리고 어떤 나라에서는 비정부 기구를 의심의 눈으로 보기도 한다는 사실을 알고 있어야 합니다.

국제기구

다음의 기구들이 여러분의 나라에서 지부를 운영하고 있을 수도 있습니다.

- ATD 제4세계(ATD Fourth World)는 극단적인 빈곤의 종결을 목적으

로 합니다.

- 아동기금연맹(Child Fund Alliance)은 폭력과 착취를 종결하고 빈곤을 퇴치하기 위해 활동합니다.

- 아동권리커넥트(Child Rights Connect)는 80개 기관 이상이 모인 전 지구적 네트워크입니다. 아동권리커넥트는 전 세계의 아동권리 옹호자들이 유엔 인권 시스템에 영향을 미치고 이를 활용하도록 독려합니다.

- 거리아동을위한컨소시엄(Consortium for Street Children)은 거리에서 생활하는 아동들이 목소리를 낼 수 있도록 돕는 국제 네트워크입니다.

- 국제아동보호단체(Defence for Children International)는 사법 분야의 전문가들과 함께 국제 아동권리 활동을 선도하고 있습니다.

- 아동폭력근절(End Violence Against Children)은 모든 아동이 폭력에 대한 두려움 없이 안전하게 성장할 수 있는 세상을 만들기 위해 활동하는 여러 조직들의 전 지구적 협력체입니다.

- 키즈라이츠재단(KidsRights)은 모든 아동이 권리를 누릴 수 있는 세상을 위해 활동합니다. 아동들을 변화를 만드는 사람으로 존중하고, 아동들이 자신의 목소리를 낼 수 있도록 지지합니다.

- 말랄라 기금(Malala Fund)은 여성들의 목소리를 키우고, 모든 여성이 안전한 환경에서 양질의 초중등 교육을 무상으로 받을 수 있도록 지원합니다.

- 플랜인터내셔널(Plan International)은 아동권리와 성평등을 지지합니다.

- 부단한발전(Restless Development)은 청소년들이 변화를 이끌 수 있도록 훈련, 조언, 양성, 연결 등을 지원합니다.

- 놀권리(Right To Play)는 놀이를 활용해 어린이와 청소년들을 보호하고 교육하고 권익을 향상시킵니다.

- 세이브더칠드런(Save the Children)은 아동의 권리와 이익을 위해 활동합니다.
- 인간의대지(Terre des Hommes)는 전쟁, 자연재해와 같은 어려운 상황에 처한 아동을 돕습니다.
- 데어월드(Theirworld)는 아동이 교육을 받고 기술을 개발시킬 수 있도록 지원합니다.
- 유엔아동기금(United Nations Children's Fund)인 유니세프(UNICEF)는 아동권리를 보호하고 아동의 생존과 발달을 위한 구호를 제공합니다.
- 유엔난민기구(UNHCR, United Nations High Commissioner for Refugees)는 아동을 비롯해 난민, 강제 이주민, 국가 없는 사람들을 지원합니다.
- 유엔여성기구는 성평등 실현과 여성의 권익 향상을 위해 설립된 국제연합입니다.

영국 내 기구

- 영국 아동 협회(The Children's Society)는 학대, 착취, 방임을 당하는 청소년들을 위해 활동합니다.
- #iwill은 청소년들이 변화의 선도자가 될 수 있도록 지원하고, 여러 단체들이 청소년들의 사회 활동을 지지하도록 촉구합니다.
- 전국 아동 학대 예방 협회(National Society for the Prevention of Cruelty to Children)

- 국립 청소년 권익 옹호 서비스(National Youth Advocacy Service)는 돌봄 서비스를 받은 경험이 있는 어린이와 청소년의 목소리와 권리를 옹호합니다.

호주와 뉴질랜드 내 기구

- 다문화 청소년 센터(The Centre for Multicultural Youth)는 호주의 이주민 또는 난민 청소년들에게 특별한 지원을 제공합니다.
- 체인지 레코드(Change the Record)는 호주 전역의 선주민들이 주도적으로 이끄는 가정 폭력, 법률, 건강 전문가들의 사법 연합으로 호주에 하나뿐입니다.
- 아동권리 연합(Children's Rights Alliance Aotearoa)은 뉴질랜드 내에서 아동권리에 대해 집단 목소리를 냅니다.
- 올라부두 두게투(Olabud Doogethu)는 호주 서부에서 선주민과 지역사회가 주도해 청소년들의 사법 절차를 돕는 사이트입니다.
- SNAICC는 호주 선주민과 토레스 해협 섬 선주민 아동들의 안전, 발달, 안녕 등 아동권리를 위해 활동합니다.
- 호주 청소년 법률(Youth Law Australia)은 어린이와 청소년들이 겪고 있는 문제의 법적 해결책을 찾도록 도와주는 지역 법률 서비스입니다.

참고 자료

이 책은 다음에 소개하는 조직들이 수집하고 발표한 정보를 활용했습니다. 이 조직들은 유용한 웹사이트와 자원을 지니고 있습니다.

- 액션에이드(Action Aid)
- 국제앰네스티(Amnesty International)
- 잉글랜드 아동권리 연합(Children's Rights Alliance for England)
- 지금 아동권리를(Child Rights Now)
- 국제아동보호단체(Defence for Children International)
- 지구정의(Earth Justice)
- 영국평등인권위원회(Equality and Human Rights Commission)
- 식량재단(Food Foundation)
- 신부가 아닌 여자아이들(Girls Not Brides)
- 지구시민(Global Citizen)
- 휴먼라이츠퍼스트(Human Rights First)
- 휴먼라이츠워치(Human Rights Watch)
- 국내난민감시센터(Internal Displacement Monitoring Centre)
- 국제노동기구(International Labour Organisation)
- 키즈라이츠재단(KidsRights)
- 소수자권리기구(Minority Rights Group)

- 미국 국립생물공학정보센터(National Center for Biotechnology Information)
- 유엔인권고등판무관사무소
- 영국 개방대학아동연구센터(The Open University Children's Research Centre)
- 퓰리처센터(Pulitzer Center)
- 세이브더칠드런(Save the Children)
- 스몰암스서베이(Small Arms Survey)
- 테크어게인스트트레피킹(Tech Against Trafficking)
- 유네스코(국제연합교육과학문화기구)
- 유엔난민기구
- 유니세프(유엔아동기금)
- 세계은행 ID4D
- 세계보건기구
- 세계고문방지기구(World Organisation Against Torture)
- 영피플투데이(Young People Today)

국제앰네스티는 1961년 설립된 국제 비정부 기구(NGO, Non-Governmental Organization)로 전 세계 160개국 이상 1000만 명의 회원과 지지자들이 함께하는 세계 최대의 인권 단체이다. 존엄성을 해치는 위협으로부터 모든 사람이 모든 인권을 누리는 세상을 위해 활동한다. 국적·인종·종교 등의 그 어떤 차이도 초월해 활동하며, 정치적 이데올로기와 경제적 이익으로부터 독립적으로 활동한다.

국제 사회에서 합의한 기준들을 바탕으로 조사 활동을 진행하고 표현의 자유, 사형 제도 폐지, 고문 반대, 여성과 성소수자(LGBTI) 권리 보호, 기후 위기와 인권 등 다양한 활동을 펼치고 있다.

국제앰네스티는 유엔경제사회이사회와 협의 자격을 유지하고 있으며, 1977년 노벨평화상과 1978년 유엔인권상을 수상한 바 있다. 국제앰네스티 한국지부는 1972년에 설립되어 국내외 인권 상황을 알리고 국제 연대를 위해 활동하고 있다.

- 여러분이 인권을 위해 행동하고 싶다면 국제앰네스티 한국지부 청소년 활동에 참여할 수 있습니다. amnesty.or.kr/involved/youth/
- 여러분의 선생님에게 국제앰네스티 한국지부의 무료 인권 교육 자료 활용을 제안할 수 있습니다. amnesty.or.kr/involved/education/

www.amnesty.or.kr

감사의 글

이 책은 여러 사람이 함께 만든 창작물입니다.

이 책은 안젤리나 졸리와의 대화에서 시작되었습니다. 졸리는 20년 넘게 유엔난민기구 글로벌 특사로 활동하고 있습니다. 세계에서 가장 큰 풀뿌리 인권 단체인 앰네스티의 특사로도 활동하고 있습니다. 우리는 어린이와 청소년 모두 아동권리에 대해 잘 모른다는 사실에 대한 걱정을 나누었습니다. 이로 인해 여러분은 취약해질 수 있고, 권리를 침해당해도 구제받기 어려울 것입니다. 또한 우리는 글이 삶을 결국 변화시키는 장기적인의 힘을 지니고 있다는 믿음을 나누었습니다. 우리는 책을 만드는 데 뜻을 모았습니다. 우리의 목표는 모든 어린이와 청소년이 어떤 정체성을 지니고 있든, 어디에 살든 상관없이 자신의 권리를 알고 주장할 수 있도록 하는 것입니다.

시작부터 아르민카 헬릭과 클로이 달튼이 우리를 지지해 줬습니다. 그들은 이 프로젝트에 비평적 친구가 되어 주었습니다. 그들의 명료한 사고, 헌신, 신의에 진심으로 감사드립니다.

또한 아동권리 전문가이자 유엔아동권리협약의 초안 작성자 중 한 사람인 제럴딘 반 뷰런 QC 교수가 합류해 주었습니다. 우리는 함께 작업을 시작했습니다.

우리가 어린이와 청소년을 포함시키고, 그들의 이야기를 경청해야 한다는 것은 분명했습니다. 우리에게 큰 도움을 준 많은 분들에게 감사드립니다.

홀로코스트의 생존자인 말라 트리비흐는 친절하고 지혜로웠으며 우리에게 영감을 주었습니다.

리즈 체임벌린 박사, 트레버 콜린스 박사와 개방대학교의 아동연구소는 귀중한 지원을 지속해 주었습니다. 그들은 이 책에 담아야 할 아동들의 생각과 관심을 파악하기 위해 초기에 영국에서 이뤄진 연구를 진행해 주었습니다. 그들의 연구에는 114명의 어린이와 청소년이 직접 참여했고, 학교에서 학생들이 이끈 연구 프로젝트를 통해 100명이 간접적으로 참여했습니다. 각각의 프로젝트 그룹 참여자는 다양했습니다. 도시·지방·도시 근교 출신, 소수 민족 출신, 취약한 그룹 출신, 사회 경제적 지위가 낮은 참여자, 학습 장애를 지닌 참여자, 돌봄 서비스를 경험해 본 어린이와 청소년 등입니다.

개방대학교는 이 연구에 기반해 「토론과 사례와 해석을 통해 본 아동권리」라는 보고서를 발간했습니다. 우리는 이 보고서를 참조해 이 책의 윤곽을 잡았습니다.

연구에 참여해 필수적인 도움을 준 브리지스 아이 돌봄 센터의 로즈 로이드와 아동들, 루이즈 페리와 치킨쉐드 극단의 청소년들, 질 매클라클런과 게인포드 초등학교의 학생들, 비키 존스와 뉴랜

즈 초등학교의 학생들, 마니아 베넨슨과 노팅엄 극장의 청소년들, 전국 청소년 권리 옹호 서비스와 밝은 불꽃 단체를 통해 돌봄 서비스를 경험한 아동들, 아동권리 감시 기구의 헬렌 데일, 레시 바흐 작은 목소리와 블래나번 헤리티지 초등학교의 학생들, 제시카 퍼머와 실 초등학교의 학생들에게 감사드립니다. 또한 트래블링 어헤드 프로젝트와 렉섬 여행자 교육 서비스의 도움을 받아 성 요셉 성당, 성공회 고등학교, 이스골 리와본 학교의 마틴 갤러거, 리안 패리, 샬럿, 그랜트, 믹, 미오미, 파리스, 톰을 만날 수 있었습니다. 그리고 유니세프 영국 위원회의 권리 지킴이 학교 프로그램의 감독인 프랜시스 베스틀리에게도 감사드립니다.

이후 우리는 전 세계로 향했습니다. 70개 이상의 나라에 있는 모든 앰네스티 사무소에 전화를 걸었습니다. 우리는 앰네스티의 국제유스네트워크 '유스, 파워, 액션'의 청소년 활동가들을 초청하여 이 책의 구상에 대한 의견을 부탁했습니다. 부르키나파소, 독일, 홍콩, 아일랜드, 나이지리아, 미국의 청소년들이 시간을 할애해 생각을 나눠 주었습니다. 우리는 그들의 의견을 하나도 빠짐없이 면밀히 검토하여 책의 구상을 수정했습니다. 그 후 우리는 초고를 작성했고, 전 세계 어린이·청소년 활동가를 비롯해 법, 연구, 캠페인, 사회 활동, 교육 등 다양한 인권 분야의 앰네스티 전문가들에게 초고를 보냈습니다. 모든 분들이 마음을 담아 의견을 주었습니다. 우리는 모든 의견을 검토해 원고를 수정했습니다.

앰네스티 청소년 행동 네트워크의 케이시 다이, 소차 케베, 미리엄 탬스, 스베냐 벤드, 케빈 마리 린다 트라오레, 티파니 체, 줄루 아냐오구에게 깊이 감사드립니다. 또한 아동권리 네트워크의 비누키 바크미데니야, 마이클 퀸, 캐서린 월턴에게도 감사드립니다.

또한 놀라운 활동가들에게 특히 감사드립니다. 활동가들의 이야기가 이 책의 중심에 있습니다. 모든 활동가들은 자신의 이야기를 책에 싣는 것에 흔쾌히 동의해 주었습니다. 사실 다른 많은 활동가들의 강력한 이야기가 이 책에 포함되는 것이 마땅하지만 지면의 한계와 안전의 문제로 그러지 못했습니다. 우리는 일부 나라와 지역에 살고 있는 청소년들의 안전에 끊임없이 신경을 썼습니다.

국제앰네스티의 많은 동료들에게도 감사를 드립니다. 특히 너새니얼 배버스톡, 도라 카스티요, 니키 파커, 비나 파텔, 오거스타 퀴니, 케이트 알렌, 클레어 불린, 리차드 버턴, 이언 번, 루이즈 카모디, 메이 캐롤란, 메이다 찬, 크리스 채프먼, 본가이 치크완다, 아나 콜린스, 사라 비다 쿠만스, 어니스트 커버슨, 사이먼 크라우더, 올리버 필리 스프라그, 니키 프렌켄, 캐더린 제르손, 실라 곤살베스, 사드 함마디, 살레 히가지, 테일 롱바, 톰 매키, 자스키란 카우르 마르웨이, 케리 모스코주리, 니콜 밀러, 테타냐 모브셰비치, 세실리아 올루와피사요 아란시올라, 콤 오골먼, 제스 오웬, 카룬야 파라마구루, 케이티 파우널, 멜로디 로스, 메리벨 레이노소, 토마스 슐츠 야고프, 레나타 드 수자, 크리티카 비쉬와나트, 맷 보걸, 제

니퍼 웰스에게 감사드립니다.

우리의 책 출판을 도와준 에이전트 커티스 브라운의 스테퍼니 스웨이츠에게 감사드립니다. 안데르센 출판사의 비전과 헌신에도 감사드립니다. 안데르센은 최고의 출판 파트너였습니다. 메리 베리, 폴 블랙, 케이트 그로브, 마크 헨들, 세라 키멜만, 잭 노엘, 클로이 새커, 찰리 셰퍼드, 리즈 화이트에게 감사드립니다. 또한 포기를 모르는 클라우스 플루게에게 감사드립니다. 그는 난민이자 전쟁 생존자이며 앰네스티의 오랜 친구입니다. 그리고 수 쿡의 교열 능력은 정말 소중했습니다.

평등, 다양성, 포용의 가치를 굳건히 유지할 수 있도록 조언을 해 준 멜 라슨에게 감사드립니다. 국제 심리 외상 전문가 안홀라 미야 싱 바이스 박사는 도전적인 내용을 적절히 중재할 수 있는 방법을 조언해 주었습니다.

마지막으로, 인권을 위해 용감히 활동하고 있는 전 세계의 모든 어린이와 청소년에게 감사드립니다. 그리고 이 책을 읽고 이러한 노력에 함께할 방법을 고민하는 모든 어린이와 청소년에게도 감사드립니다.

이미지 정보

16면 여성에 대한 폭력 종식을 요구하기 위해 멕시코시티에서 열린 여성들의 파업.
2018년 3월. © Itzel Plascencia López/Amnesty International Mexico

18면 맞잡은 손. © Pexels

22면 파키스탄 라호르에서 수천 명의 여성들이 세계 여성 대회에 참여하기 위해 거리로
나왔다. 2019년 3월. © Ema Anis/Amnesty International

32면 한 남자아이가 그리스의 테살로니키 항만의 임시 난민 캠프에서 자전거를 타고
있다. 2016년 7월. ©Richard Burton/Amnesty International

33면 자메이카 킹스톤 지역 아동들이 자신이 운영하던 식당 부엌에서 경찰이 쏜 총에
맞아 숨진 요리사 나키에아 잭슨을 추모하는 벽화를 그리고 있다. 2017년 8월.
©Richard Burton/Amnesty International

36면 우간다의 수도 캄팔라에서 학생들이 정치인에게 지구 온난화와 기후 변화를
막기 위한 대책을 촉구하는 시위를 하고 있다. 2019년 5월. ©Amnesty
International

55면 워싱턴에 위치한 리스너 강당에서 그레타 툰베리가 국제앰네스티 양심대사상을
수상하기 전에 소감을 말하고 있다. 2019년 9월. © Andy DelGiudice/Amnesty
International

65면 브라질의 리우데자네이루에서 LGBTI 시위를 하고 있다. 2014년 6월. © AF
Rodrigues

69면 줄라이카 파텔. © Reabetswe Mabilo

74면 첫 번째 줄 왼쪽부터 장애인 권리 활동가 케인, 제이미. 뒷줄 왼쪽에서 두 번째
하이메, 맨 오른쪽 에이미. © Celine Smyth, Swansea University

92면 왼쪽부터 아그네사 무르셀라이, 아말 아주딘, 로자 살리. © PA Images/Alamy
Stock Photo

100면 모세 아카툭바. © Miikka Pirinen/Amnesty Finland

112면   니콜 데 라 크루즈. © Amnesty International

114면   왼쪽부터 마크린 아키니 온양고, 스테이시 디나 아디암보, 신시아 아우얼 오티에노,
퓨리티 크리스틴 아치엥, 아이비 아키니.

121면   왼쪽부터 자나이야 알프레드, 가브리엘 키저.

133면   마가이 마티옵 은공 © Amnesty International

149면   워싱턴에 위치한 리스너 강당에서 토카타 아이언 아이즈가 국제앰네스티
양심대사상 시상식에서 소감을 말하고 있다. 2019년 9월. © Andy DelGiudice/
Amnesty International

151면   두주안 후산. © Jonny Rowden

158면   2013년 아일랜드 더블린에서 열린 국제앰네스티 양심대사상 축하연에 참석한
말랄라 유사프자이. © Joao Pina/MAPS Images

166면   뒷줄에서 양손을 들고 있는 세드. © Right To Play

171면   즐라타 필리포빅. © Dragana Jurisic

179면   애니 알프레드. © LAWILINK/Amnesty International

181면   위쪽 사진 왼쪽부터 안드레 올리베이라, 소피아 올리베이라. © Nuno Gaspar
Oliveira
아래쪽 사진 왼쪽부터 클라우디아 두아르테, 마팀 두아르테, 마리아나 두아르테,
카타리나 모타. © André Mota

184면   멕시코시티에서 열린 아욧시나파 학생 실종 사건의 진상 조사 촉구 행진. 2014년
10월. © Alonso Garibay/Amnesty International Mexico

191면   왼쪽부터 스위스 다보스에서 열린 세계경제포럼에 참석한 기후활동가 바네사
나카테, 루이사 뉴바우어, 그레타 툰베리, 이사벨레 악셀손, 로키나 틸레. 바네사
나카테는 흑인이라는 이유로 이 사진에서 편집되어 다양성과 삭제에 대한
국제적인 토론이 촉발되었다. 2020년 1월 24일. © Markus Schreiber/AP/
Shutterstock

203면   국제앰네스티 네덜란드지부 회원과 지지자 암스테르담에서 인권을 위한 편지 쓰기
캠페인에 참여하고 있다. 2020년 12월. © Karen Veldkamp

207면   그리스 레스보스섬에서 국제앰네스티 활동가들이 행사 준비를 하고 있다. 2017년

참고 자료와 정보

모든 활동가들의 사진은 활용 동의를 받았습니다.

이 책에 실린 이야기의 주인공들에게 동의를 얻기 위해 모든 노력을 다 했습니다. 모든 내용을 검토했고 책 인쇄 전에 전문가의 승인도 받았습니다. 하지만 일부 사실과 인물은 그 후 변화했을 수 있습니다.

창비청소년문고 41

너의 권리를 주장해

어린이·청소년을 위한 인권 가이드

초판 1쇄 발행 • 2022년 5월 5일

지은이 • 국제앰네스티, 안젤리나 졸리, 제럴딘 반 뷰런
옮긴이 • 김고연주
펴낸이 • 강일우
책임편집 • 이현선
조판 • 박지현
펴낸곳 • (주)창비
등록 • 1986년 8월 5일 제85호
주소 • 10881 경기도 파주시 회동길 184
전화 • 031-955-3333
팩스 • 영업 031-955-3399 편집 031-955-3400
홈페이지 • www.changbi.com
전자우편 • ya@changbi.com

한국어판 ⓒ (주)창비 2022
ISBN 978-89-364-5241-4 43300